はじめに

　西アジア諸国の中でも、特にシリアは、長い間外国の考古学調査隊にその国土を開放し、研究をオープンにしてきた貴重なフィールドであり続けました。なぜ、シリアには欧米や日本から多くの考古学調査隊が集まり、発掘調査を繰り返してきたのでしょうか。それは、シリアには人類史的な意味を持つ遺跡が多く存在するからです。人類史上初めての食糧生産社会はシリアの遺跡で確認できますし、農耕生産を基盤として早くから都市的な社会が出現しました。またシリアでは都市化の進行とともに文字が発達し、やがてアルファベットが発明されました。シリアは、キリスト教がユダヤ人社会の外に発展していく舞台を提供し、最初のイスラーム王朝であるウマイヤ朝もシリアで成立しています。様々な、人類史的課題を解明する新たな資料を自ら得ようとするならば、シリアほどそれにふさわしいフィールドは世界にそれほど多くはありません。

　ところが２０１１年３月に勃発したシリア内戦によりフィールドは閉ざされ、貴重な文化遺産は消滅の危機に瀕しています。内戦は２０２０年春現在も継続しており、この９年も続く内戦によって、多くの人命や財産とともに、人類の歴史を証明する貴重な文化遺産も数多く失われてしまいました。

　いま、世界中の考古学者や文化財科学者たちが、シリア文化遺産を何とか保全しようと懸命な努力を続けています。シリアで考古学調査を行ってきた日本の様々な研究機関もまた、いくつかの取り組みを行ってきました。私たち筑波大学の調査隊もまた、長くシリアで考古学調査を行ってきており、文化庁の支援を得て、シリア文化遺産の保全プロジェクトに取り組んできました。2016年度から2019年度まで継続して筑波大学が文化庁から受託した「シリアアラブ共和国における文化遺産保護国際協力事業」では、主に3つのオペレーションを実施してきました。第1にシリア文化遺産の重要性を伝える教育活動、第2にイドリブ博物館の復興支援、第3に世界遺産「北シリアの古代村落群」で破壊の危機にある初期教会の3Dによる正確な記録、です。本書は、そのうち第1のオペレーションと深く関連しています。

シリア文化遺産は人類史的な重要性を有していますが、残念ながらその重要性をシリアの人々自身が十分理解しているとは言い難い現状があります。もしシリアの人々が、自分たちの身近にある遺跡や文化遺産の重要性を知り、それがシリアや人類の歴史を語るために絶対に必要不可欠である、と理解できれば、文化遺産を破壊するような行為が彼らにとってもいかに損失なのかが明白になります。それは何も、歴史学者や考古学者のためばかりではありません。重要な文化遺産を核とした景観は、時として世界遺産として、あるいは歴史遺産や観光資源として、自分たちの生活や社会を潤すのです。それに気づけば、自らの家の建材を安易に獲得するために文化遺産を破壊してしまったり、農地にするために文化遺産を根こそぎしてしまったり、あるいはわずかなお金のために遺跡で盗掘を繰り返したりするような行為に歯止めがかかるのではないでしょうか。ISのようなプロパガンダを目的とした文化遺産の破壊行為は止められないかもしれませんが、人々が生き、生活していくために、文化遺産が物心両面で重要な糧となることに気づいてくれさえすれば、無駄な破壊は終焉するはずだ、と私たちは信じています。

そのために、シリア文化遺産の発掘調査に最前線で取り組み、その歴史的重要性を身をもって知っているシリアを含む世界各国の考古学者に呼び掛けて、自ら調査してきた遺跡の概要を執筆してもらい、その歴史的意味や重要性について語り、全体でシリアの歴史の重要性を語れるような書籍をぜひ作りたいと思っていました。そこで、旧知の元アレッポ博物館館長で、東京大学や筑波大学の客員研究員を務められたヨーセフ＝カンジョウ博士と常木が話し合い、2010年までシリアでの考古学調査に携わっていたシリアと諸外国の調査隊長たちに呼びかけて、一冊の書籍を作ることになりました。幸い113人もの研究者が協力してくれて、『100の遺跡が語るシリアの歴史』（英題 *A History of Syria in One Hundred Sites*）という書籍を、英国オックスフォードの Archaeopress という考古学専門の出版社から、2016年夏に出版することができました。同書では、各調査隊長がコンパクトにそれぞれの遺跡の意義をまとめ、カンジョウ博士と常木がイントロダクションとコンクルージョンでシリアの遺跡と歴史の重要性を概説しました。幸い同書は大きな反響を呼び、各国の様々な学術誌の書評や、シリアの新聞などに取り上げられました。

しかし、私たちの本来的な目的は、シリアの人々にこそ、シリアの遺跡や歴史の人類史的な重要性を分かってもらうことにありました。そのため、当初から同書を英文だけではなくアラビア語でも出版することを計画していました。カンジョウ博士を中心に、同書のアラビア語版の翻訳は英語版制作と同時にほぼ終了していましたが、２０１６年度の文化庁からの受託研究費のおかげで、ダマスカスのサルハニ・プリンティングでアラビア語版 Tarikh Souria fi Mia Muwaqa Ashariya を１０００部印刷・出版し、２０１７年春に配布事業を開始しました。シリア国内ではシリア政府文化財博物館総局（ＤＧＡＭ）が協力して、ほぼすべての大学と１２０以上の高等学校などに配布しました。このアラビア語版の出版もまたシリア国内の新聞などで取り上げられ、大きな関心を呼んでいます。シリア国外では、レバノンやトルコで難民教育に当たっているＮＧＯと協力しながら、多数の難民学校に配布されました。同書は、文化庁の援助により、遺跡の記述を一部補いながら、２０１８年1月に第2版１０００部を印刷・出版し、さらに２０２０年１月に第3版６００部を印刷・出版して、シリア国内やシリア周辺諸国及びヨーロッパの様々な教育施設で配布が続けられています。

また、２０１８年2月にベイルートにおいて、また２０１９年3月にイスタンブールにおいて、このアラビア語版 Tarikh Souria fi Mia Muwaqa Ashariya を利用した歴史教育の試みも実践されています。これは、レバノン国内やトルコ国内においてシリアの子供たちに歴史教育を実施しているＮＧＯの教育担当者らを招いて、本書に基づいてシリア史の人類史的な重要性を伝授し、その経験を各地の難民学校などで伝えてもらおうとする試みでした。講師は日本人、シリア人、レバノン人の考古学者たちで、ＮＧＯの歴史教育の先生方と、それぞれ3日間にわたって濃密な討論が続きました。シリア内戦でもう何年も故郷を離れてしまっている子供たちに、シリアやそれぞれの故郷を実感させるには、遺跡や伝統的建築物など地域の文化遺産が死活的な役割を果たすこと、実際に様々な歴史教育の場面で Tarikh Souria fi Mia Muwaqa Ashariya が既に使われていることなどが報告され、私たちを勇気づけてくれました。シリアの歴史教育に文化遺産の果たす重要な役割について、私たちの方が若い先生方から多くのことを教えてもらったワークショップでもありました。

シリア文化遺産の重要性をシリア内外のシリア人たちに伝えていく活動は、私たち以上に、シリアの人々自身がアイデンティティの獲得に必要不可欠だと認識していることには非常に驚かされ、刮目しました。私たちの制作した『１００の遺跡が語るシリアの歴史』Tarikh Souria fi Mia Muwaqa Ashariya は、こうした活動を後押ししていることは確かですが、一方で、同書は５００頁近い大部なアラビア語の書籍で、高校生以上でないと十分に理解することは困難です。小中学生にも理解でき楽しんで読んでもらえる、シリア史の重要性を伝えるコンパクトで易しい冊子の出版が切望されており、そうした冊子製作に取り組む必要を痛感させられていました。

日本に帰国し、２０１７年５月に、ご支援いただいている文化庁文化遺産国際協力室に出向き、私たちの活動とそのような要望について報告した際のことでした。その時に対応して下さった濱田泰栄室長から、それなら小学生でもわかるように漫画でシリアの歴史と文化遺産の重要性を説明する本を作ったらどうですか？というご提案をいただいたのです。それはとても面白い提案だと感じましたが、実際に作るのは大変な作業となりました。2018年から構想を練り、実際に先史時代編の原作と作画に着手できたのは、2019年度の事業においてでした。

原作と粗シナリオは常木が作成し、細かいシナリオ化と絵コンテ、作画は、筑波大学の考古学専攻を卒業し、大学院で地質学を学んだ、漫画家のたまごである五十嵐あゆみさんに依頼しました。五十嵐さんはある漫画賞の新人賞を既に取っているほどの腕前なのですが、この試みに大いに共感してくれて、1年以上もの間、本書の制作に力を尽くしてくれました。シリアで起きた先史時代の様々な出来事を漫画で描くには、登場する人物の服や髪形、靴など、考古学的情報の乏しい事柄をもヴィジュアル化せざるを得ず、原作と作画の間で辛抱強くやり取りを重ねました。また、漫画に登場する人物の名前については、私の同僚の楔形文字学者である山田重郎氏が、シュメール語やアッカド語に登場するいわゆるバナナネームを中心に、考案してくれました。私の無茶な要求にこたえていただいた山田氏に深謝したいと思います。ただし、万一それが先史時代のシリアの人々の名前として不自然であれば、すべて原作者の責任です。

また、本書は初めからアラビア語での出版を考えていたため、筑波大学のシリア人留学生たちが日本語テクストのアラビア語訳に協力してくれました。中心となったのは筑波大学の考古学専攻で博士号を取得し、現在、東京大学外国人特別研究員であるサリ・ジャンモ氏でした。他に、ナーヘド・アルマリ氏、アブドルラフマン・ジュビ氏、アラーム・アルカゼイ氏にも献身的に尽力いただいたことに深く感謝いたします。

本書のアラビア語版の制作・出版は、筑波大学が文化庁から受託した2019年度文化遺産国際協力拠点交流事業「シリアアラブ共和国における文化遺産保護国際貢献事業」によりました。この事業の実施に当たり、文化庁文化遺産国際協力室の濱田泰栄前室長、守山弘子現室長、同室の荻原知也氏・米岡亜依子氏・川畑美麻氏らから温かい励ましをいただいたことに深く感謝申し上げます。同事業の実施については、筑波大学人文社会エリア支援室の松井恵氏・笹谷衣代氏・小平裕太氏にも様々なご配慮をいただきました。また、同事業を私とともに動かしていただいた多くの研究者の方々、とりわけ筑波大学の谷口陽子氏、中部大学の渡部展也氏、東京大学のサリ・ジャンモ氏のご尽力に、感謝いたします。

本書日本語版の出版に関しては、シリアの歴史や文化財の重要性を日本の方々にも知っていただく一助になればと考え、計画しました。日本語版出版に当たり、厳しき出版事情にもかかわらず筆者の無理筋のお願いをあえてお引き受け下さった悠書館の長岡正博氏、小林桂氏に、末尾ではありますが、衷心より感謝申し上げます。

最後に、私の長いシリア調査を見守り、本書日本語版出版にも強く後押しをしてくれた妻みや子にも一言感謝を述べることをお許しください。

2020年3月　常木　晃

まんがで読む　文明の起源　シリアの先史時代

目次

イントロダクション

世界の中で、シリアは人類の歴史にとって、とても大きな意味を持っている場所です。世界地図を眺めるとわかるように、西アジアはアフリカ大陸、アジア大陸、ヨーロッパ大陸という、3つの旧大陸を結ぶ、結節点にあります。西アジアの中でも、この3大陸を結ぶ回廊の中心にシリアは位置していて、アフリカからアジアやヨーロッパに行く時も、アジアとヨーロッパを結ぶ時も、いずれの場合もシリアは重要な通過地点です。そして、そのシリアを舞台に、人類の歴史は大きく進んできました。

ヨーロッパ
アジア
西アジア
シリア
アフリカ

アフリカで生まれた私たち人類が、出アフリカをして、アジアやヨーロッパに広がっていった時、シリアはその分岐点となりました。ですからシリアは、アジアやヨーロッパに拡散していった人類の揺籃の地であったわけです。

現代の人々は、自然に採れるものではなく、主に自分たちで食糧を作り、それを主に食べて生活しています。代表的なのがパンや牛肉などですが、このような農耕牧畜による食糧生産社会は人間の生活を根本から変え、都市や文明を創り出すとともに、貧富の格差や、環境破壊などをもたらしました。人類の社会を根本的に変えてしまった食糧生産社会への転換の証拠は、世界のどこよりも早く1万年ほど前のシリアのユーフラテス河流域の遺跡から認められます。

現在の私たちの多くが、農村ではなく都市に生活しています。そして都市が、政治や経済、思想、技術革新など、様々な変革の中心を担っています。

しかし人々が都市を創り出したのは、わずか6千年ほど前にすぎません。そして最も古い「都市」の跡は、北東シリアの遺跡から見つかっています。

現在の私たちにとって、文字のない生活は考えられませんが、この文字を使う生活の原型もまた、シリアの古い村で始められたようです。数千年間の長い試みの後で、世界最古の文字体系である楔形文字が完成していきますが、その根本は、シリアの古い村で始められたモノを管理する工夫だったのです。そして、現在のアルファベットに繋がる表音文字の発明も、シリアの古代都市で始まっています。

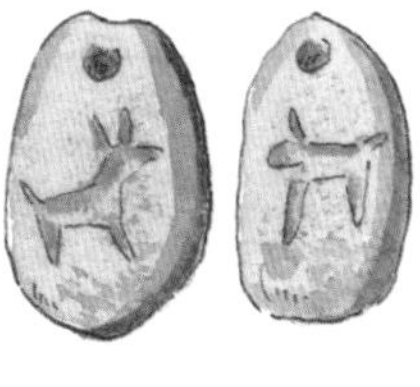

冶金術やガラス生産などの火を使った高度な技術もまた、古代シリアの人々が得意としていたことで、古代シリアの技術者たちが示したこの分野での高い技術は、古代西アジア世界や古代地中海世界において広く知られていて、古代のシリア地域から多くの青銅製品や鉄製品、ガラス製品などが輸出されていました。

キリスト教やイスラーム教など、現在多くの信者がいる一神教の発達についても、シリアは重要な舞台となりました。シリアのあちこちに残された古い教会やモスクは、私たちにその重要な歴史を教えてくれています。

そうなのです。シリアを舞台に人類史の重要な変換である、食糧生産社会の発達や、都市社会の始まり、文字や冶金などの高度な技術の発明、世界的な宗教の発展など、が起こっています。現代文明の基層の多くは、シリアの人々が成してきた歴史に依拠しているのです。ですからシリアの歴史は、シリアの人々にとってはもちろん、世界中の人々にとって重要な歴史なのです。

これから本書で、このようなシリアの重大な歴史について、わかりやすく、物語風に、漫画で語っていきたいと思います。本書では特に先史時代を扱います。本書を通じて、どうぞ楽しみながら、シリアの歴史について思いをいたしていただければと、願っています。

第1章
最初のシリア人

1-1. 最古のシリア人

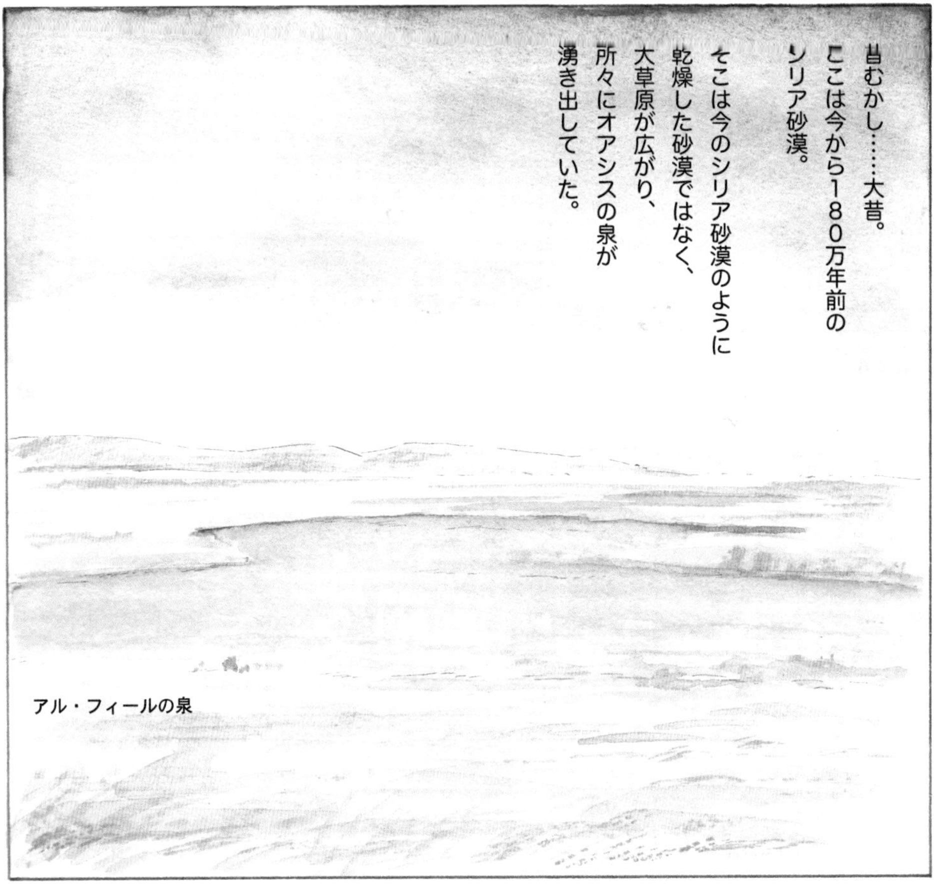
昔むかし……大昔。
ここは今から180万年前の
シリア砂漠。
そこは今のシリア砂漠のように
乾燥した砂漠ではなく、
大草原が広がり、
所々にオアシスの泉が
湧き出していた。
アル・フィールの泉

ここにシリアで
最も古い人々が
暮らしていたと
言われている。
彼らは現在の
私たちとは
少し違った人々だった。
彼らはホモ・エレクトス
と呼ばれている。

あーウー！（おなかがすいたよう！）
うーあー！（ちょっとまちなさい！）
ホモ・エレクトスたち——彼らは言葉を話すのは、あまり上手ではなかったようだ。
彼らの周りには、ライオンにオオカミ、ハイエナ、ジャッカルなど、たくさんの危険な動物がいた。
まだ石のついた槍や弓矢などの武器は発明されていなかったので、身を守るのはとても大変だっただろう。
それでも人々は、どんな動物や植物がいて、
何が食べれるかをよく知っていた。
様々なマメやアザミ、ピスタチオなどの植物や、野ネズミやハリネズミ、陸ガメなどの小動物を食べたりしていた。

そして時には、大きな動物を狩ることもあった。
うー！（いくぞー！）
力自慢の男たちが協力して狩りをしたようだ。
あーあー（いまだ！）
ゔーゔ（いけー！）
わああああ！
彼らが狩ったジャイアントキャメルは、体高が３ｍもあった！
この時代には、今はもういない巨大な生き物たちがまだシリアに生息していた。
マンモス
このような巨大な生き物たちの狩りは難しく、
ジャイアントキャメル
狩りでケガをしたり命を落とす者もいた。

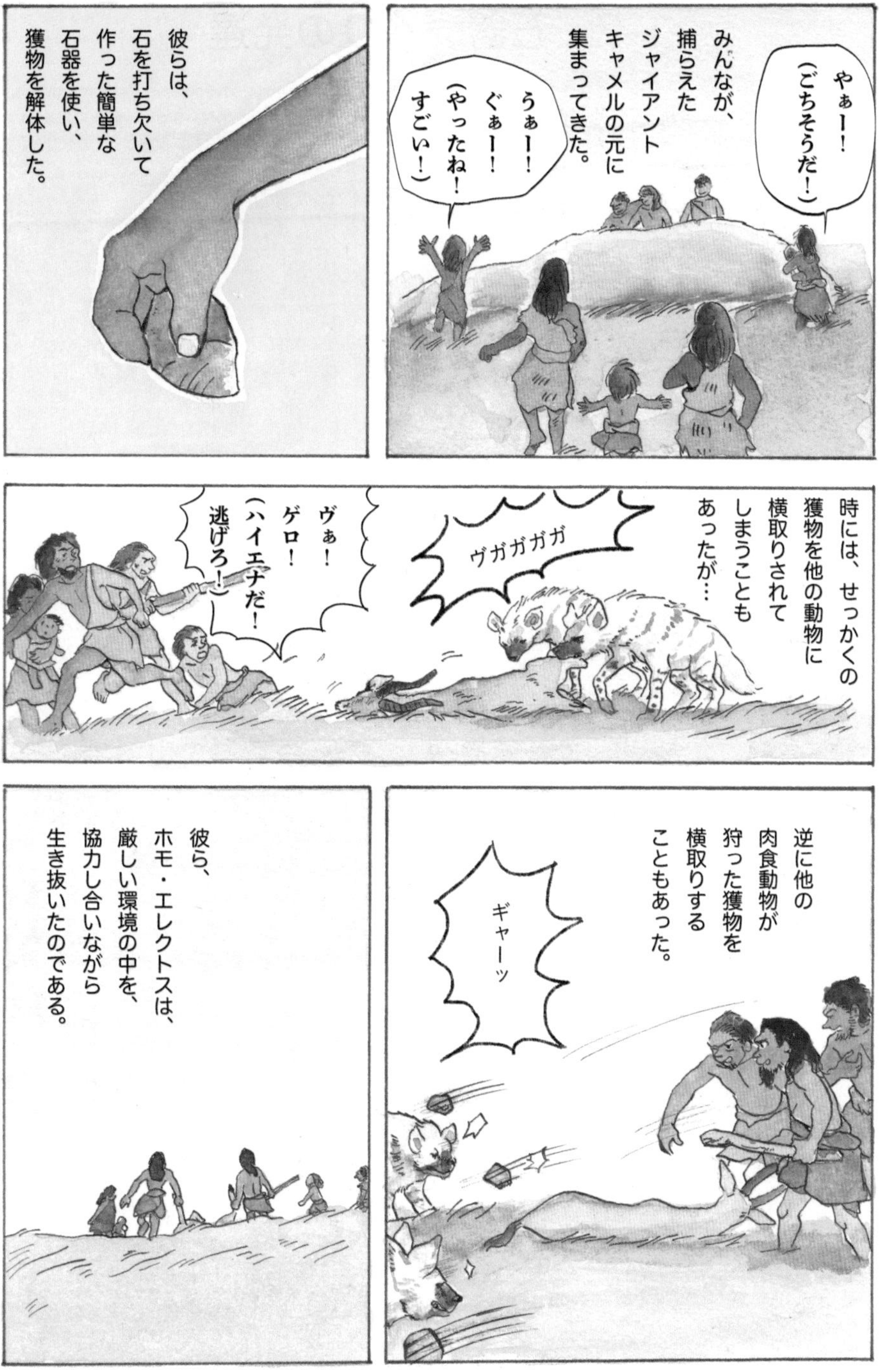
みんなが、捕らえたジャイアントキャメルの元に集まってきた。
やぁー！（ごちそうだ！）
うぁー！ぐぁー！（やったね！すごい！）
彼らは、石を打ち欠いて作った簡単な石器を使い、獲物を解体した。
時には、せっかくの獲物を他の動物に横取りされてしまうこともあったが…
ヴガガガガ
ヴぁ！ゲロ！（ハイエナだ！逃げろ！）
逆に他の肉食動物が狩った獲物を横取りすることもあった。
ギャーッ
彼ら、ホモ・エレクトスは、厳しい環境の中を、協力し合いながら生き抜いたのである。

1-2. 石器づくりの発達

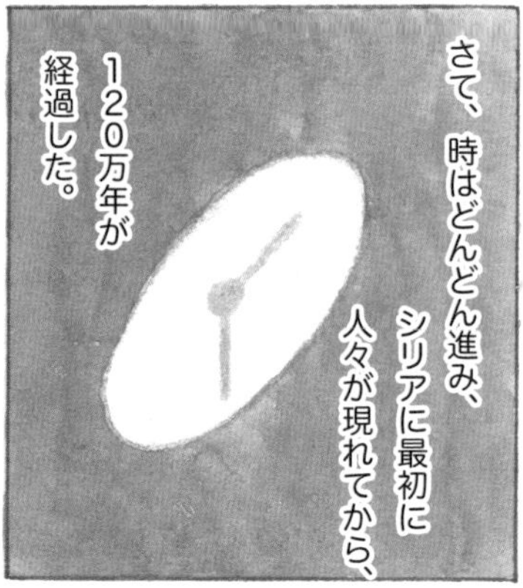
さて、時はどんどん進み、
シリアに最初に
人々が現れてから、
120万年が
経過した。

まだ私たちの
直接の祖先は
現われていない。
今から約65万年前の
シリア砂漠の
ナダウィエには
豊かな動植物を求めて
人々がたびたび
訪れていた。

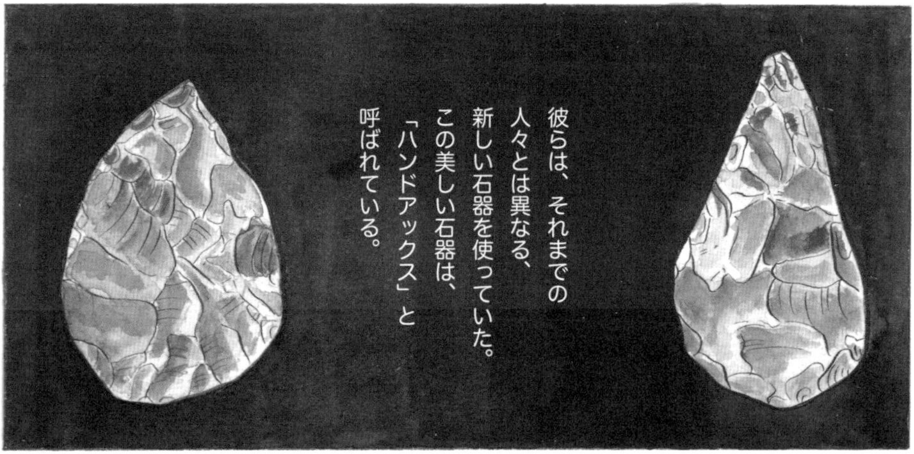
彼らは、それまでの
人々とは異なる、
新しい石器を使っていた。
この美しい石器は、
「ハンドアックス」と
呼ばれている。

この新しい石器は、
獲物の解体にも便利
だったし、
植物の根を掘り返す
のにも使えた。

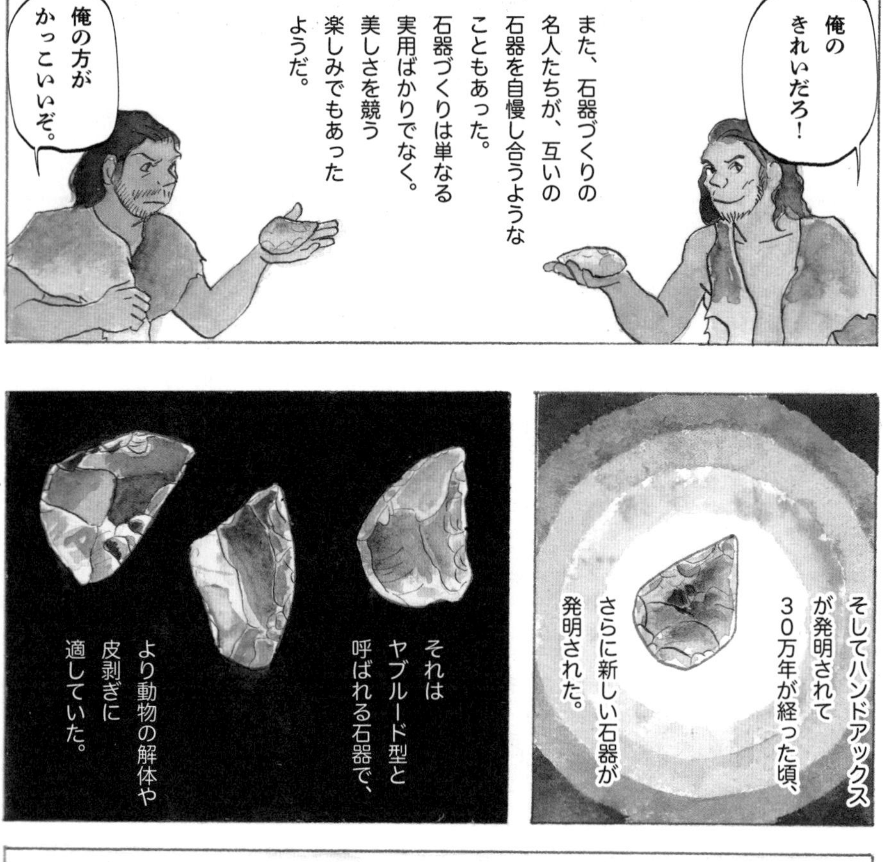
俺のきれいだろ！
また、石器づくりの名人たちが、互いの石器を自慢し合うようなこともあった。石器づくりは単なる実用ばかりでなく、美しさを競う楽しみでもあったようだ。
俺の方がかっこいいぞ。
そしてハンドアックスが発明されて３０万年が経った頃、さらに新しい石器が発明された。
それはヤブルード型と呼ばれる石器で、
より動物の解体や皮剥ぎに適していた。
このあとも、石器や槍などの道具は改良されていった。
そしてこうした道具は、人々の生活を少しずつ変えていった。

1-3. ホモ・サピエンス、シリアへ

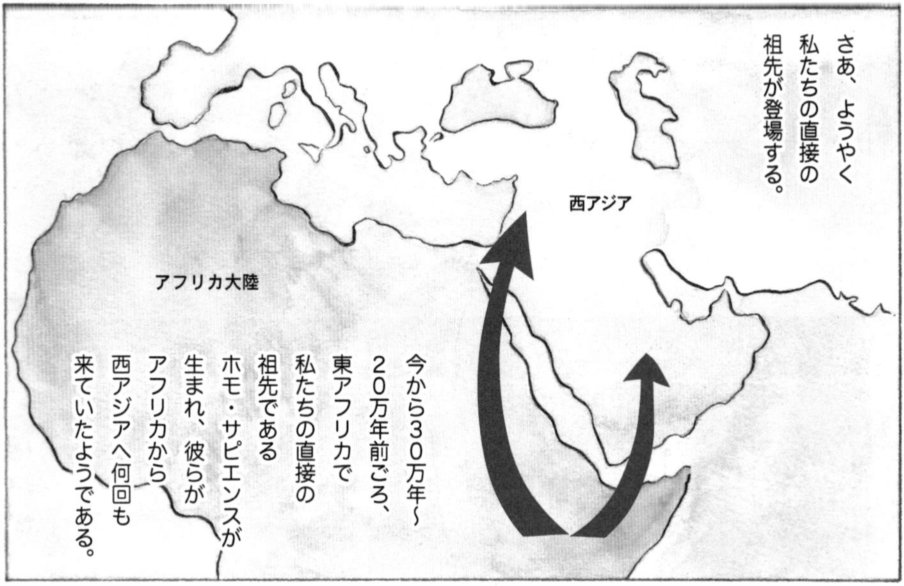
さあ、ようやく私たちの直接の祖先が登場する。
西アジア
アフリカ大陸
今から30万年～20万年前ごろ、東アフリカで私たちの直接の祖先であるホモ・サピエンスが生まれ、彼らがアフリカから西アジアへ何回も来ていたようである。

彼らは、エル・コウム盆地付近でキャンプを張っていた。
現在は砂漠だが、当時は豊かな草原だった。

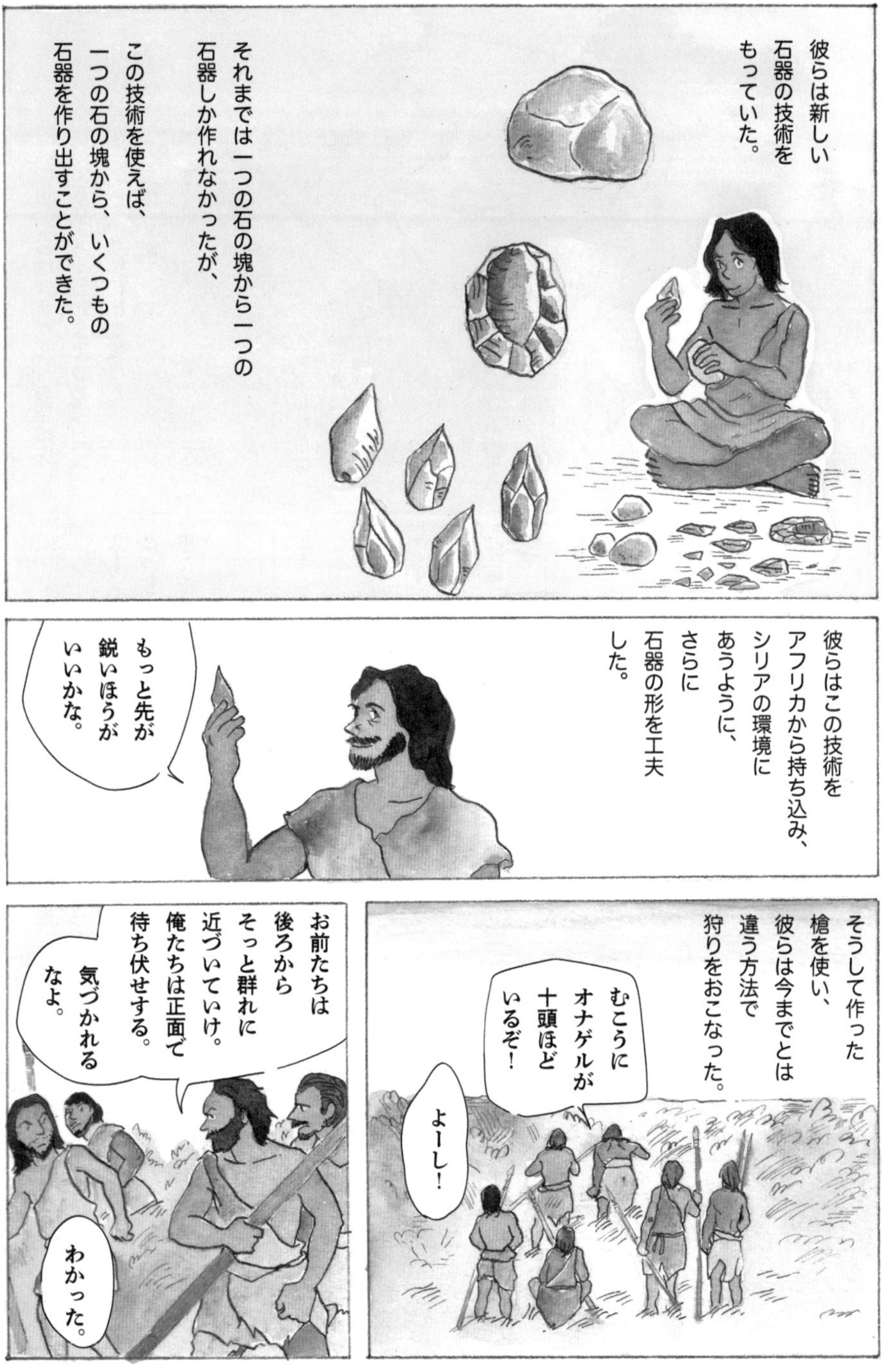
彼らは新しい石器の技術をもっていた。
それまでは一つの石の塊から一つの石器しか作れなかったが、この技術を使えば、一つの石の塊から、いくつもの石器を作り出すことができた。
彼らはこの技術をアフリカから持ち込み、シリアの環境にあうように、さらに石器の形を工夫した。
もっと先が鋭いほうがいいかな。
そうして作った槍を使い、彼らは今までとは違う方法で狩りをおこなった。
むこうにオナゲルが十頭ほどいるぞ！
よーし！
お前たちは後ろからそっと群れに近づいていけ。俺たちは正面で待ち伏せする。気づかれるなよ。
わかった。

男たちはオナゲルとの距離を
数十メートルまでつめると、
いっせいに槍を投げた。
オナゲルたちは
反対側に
逃げていく。
よしよし、
こっちへ
来たぞ。
今だ!
走れ!
オナゲルが
疲れ果てるまで
追いかけるんだ!
1㎞ほど
追いかけた
だろうか。
力尽きたオナゲルが
倒れるたびに、
男たちは槍で
とどめを刺した。

ライオンやハイエナが狙ってくる前に、キャンプに持って帰ろう。
時に他の動物と獲物をめぐって争うことがあっても、このころは人間の方が力を持つようになっていた。逃げるだけでなく、そうした肉食獣を狩ることさえあったのだ。
しかし華やかそうに見える狩猟も、失敗することがほとんどで、ラクダやオナゲルを仕留められるのは、せいぜい月に一、二度しかなかった。
今日もだめだ。捕まえたのは亀とハリネズミだけだ。
なあーんだ。オナゲルを楽しみにしていたのに。
でも、今日はキノコがいっぱい採れたし、野ネズミも数匹捕まえたわ。
そのため、食糧の多くは草原の植物や小動物に頼っていた。
エノキの実やピスタチオなどの植物や、亀や野ネズミ…。
人々は草原のどこでどのようなものが採れるか、よく知っていた。
シリアの豊かな自然は、人々にとっても動植物にとっても楽園であり、人も動植物も増えていった。

1- 4. ホモ・サピエンスとネアンデルタールの交流

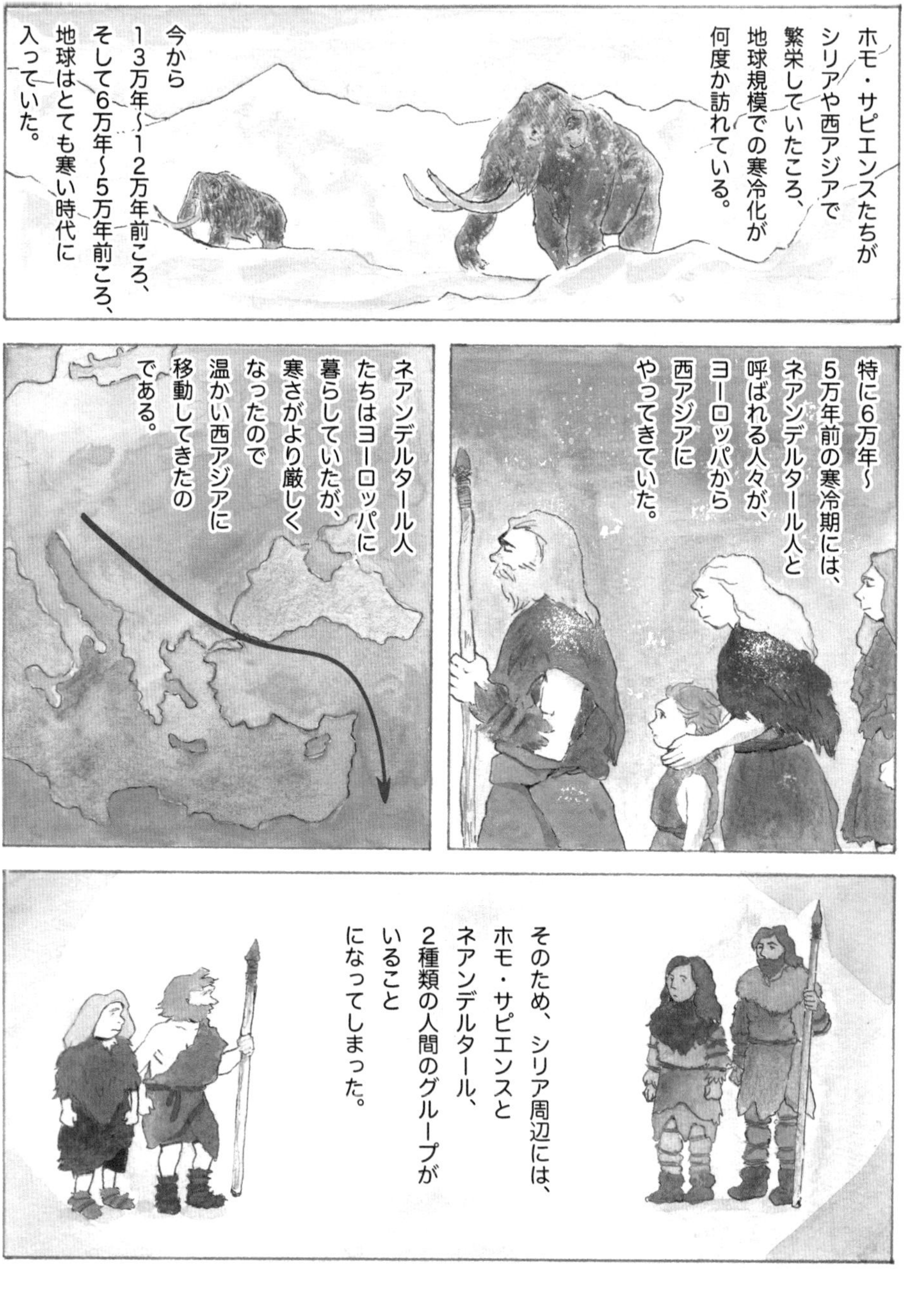
ホモ・サピエンスたちがシリアや西アジアで繁栄していたころ、地球規模での寒冷化が何度か訪れている。
今から１３万年〜１２万年前ころ、そして６万年〜５万年前ころ、地球はとても寒い時代に入っていた。
特に６万年〜５万年前の寒冷期には、ネアンデルタール人と呼ばれる人々が、ヨーロッパから西アジアにやってきていた。
ネアンデルタール人たちはヨーロッパに暮らしていたが、寒さがより厳しくなったので温かい西アジアに移動してきたのである。
そのため、シリア周辺には、ホモ・サピエンスとネアンデルタール、２種類の人間のグループがいることになってしまった。

例えばここ、5万年前のシリアのデデリエ洞窟では、こんなことがおこったかもしれない…。
母さん、母さん、父さんたちが戻ってきたよ。
ピピ
うーん、うまいヤギだ。
今日は暖かかったわね。
そろそろ平原に戻る時期だ。

ホモ・サピエンスの一家
であるピピたちは
冬の間の数か月間、
洞窟の近くで
過ごし、
春になると
山を越え
東にある
草原に戻る。
そこでは、
時に岩陰、
時にテントを張り、
また時に
小屋を掛けて
移動しながら
過ごす。
草原では、アカシカ、ガゼル、
オナゲルを狩猟し、林にある
ピスタチオやエノキの実、
ノブドウなどを集めながら
過ごしていた。
季節が
巡るのは
早いなあ。
もう晩秋だ。
そろそろ
洞窟に
戻る準備を
しなくてはな…。
この年も冬が近づき、
ピピたちは
デデリエ洞窟に戻った。

うわー
なつかしいな。
子供のくせに
なつかしいだ
なんて！
まて、
様子が
おかしいぞ。
石器を作った
あとだ。
食べ物の
クズもまだ
新しいわよ。
！
おいおい、
嘘だろ？
先客がいるぞ！

いったいあいつらは何ものなんだ？
言葉は通じるかな？
？
にげろ！
%@
$#
見たか！今の！あんな槍使っている奴ら、この辺にはいないぞ。
あの白い肌に茶色の髪。祖父に聞いた物語に出てきた人にそっくり。本当にいるのね！
あの人たちにも子供がいたね。仲良くなれるかな。

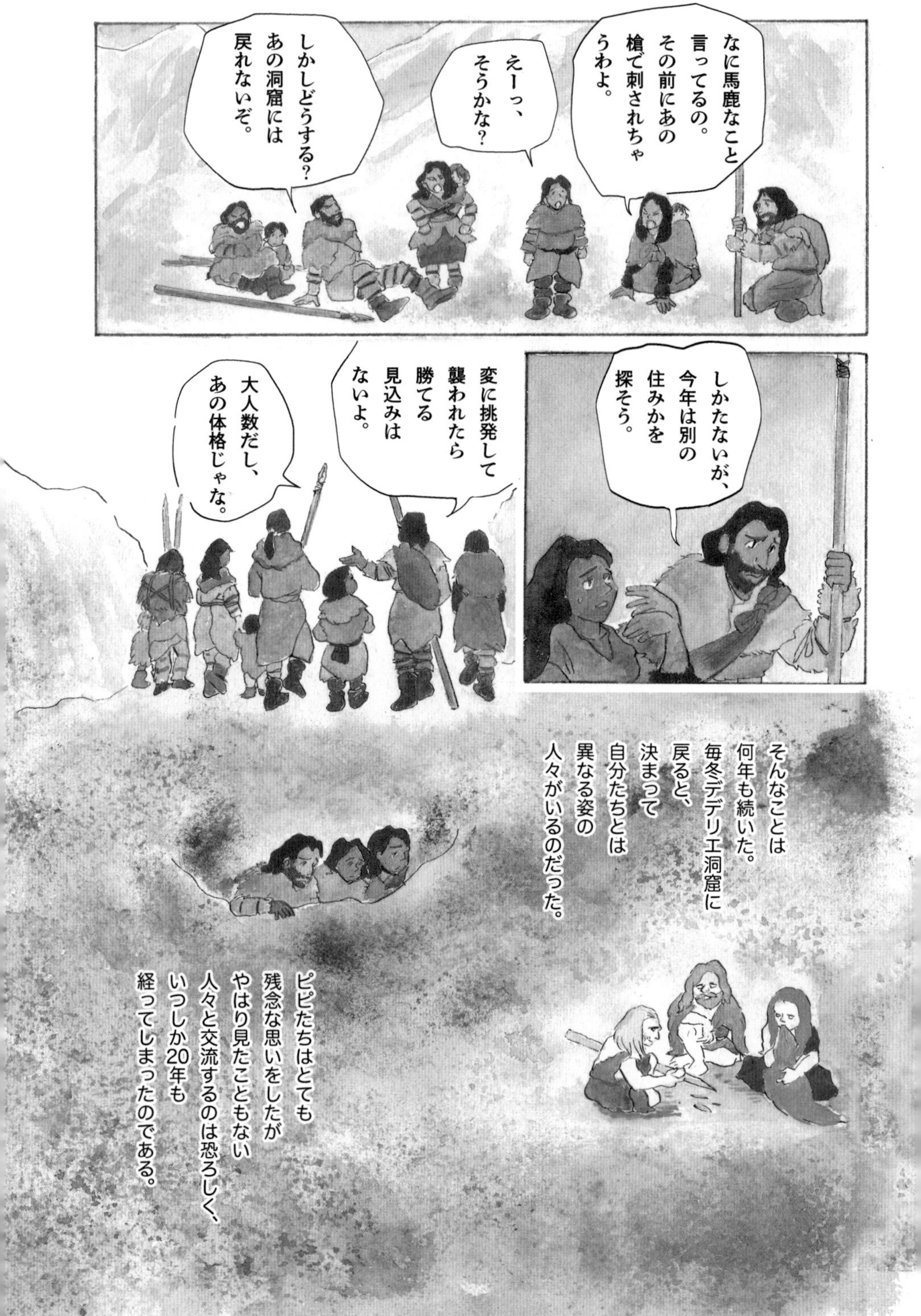
なに馬鹿なこと言ってるの。その前にあの槍で刺されちゃうわよ。
えーっ、そうかな？
しかしどうする？あの洞窟には戻れないぞ。
しかたないが、今年は別の住みかを探そう。
変に挑発して襲われたら勝てる見込みはないよ。
大人数だし、あの体格じゃな。
そんなことは何年も続いた。毎冬デデリエ洞窟に戻ると、決まって自分たちとは異なる姿の人々がいるのだった。
ピピたちはとても残念な思いをしたがやはり見たこともない人々と交流するのは恐ろしく、いつしか20年も経ってしまったのである。

ピピ！
お父さん！
洞窟はまだ⁉
もう少し…この先だよ。
20年のうちにピピは仲間の一人と結婚し、子供も生まれていた。
この年、ピピたちは本当に久しぶりにデデリエ洞窟の様子を見に行くことにした。
みんなはここで待っていてくれ。
わー！大きい。
いつの間にか天井が落ちて入り口が小さくなっているような…。
あれ、中には誰もいないや。
みんな！来ても大丈夫だ

へ?誰もいないの?
分からないけど、空っぽだ。
本当だ…。あの大きな人たちはどこへ?
なにがあったのかな。
兄さん奥の部屋にきて!
道具が置きっぱなし。
なんだかずいぶん慌てて逃げたみたいに見えるな。
まあいいじゃないか。念願のデデリエ洞窟に戻れたんだ。2つの入り口のある美しい洞窟へ。
そうよ。なんて懐かしいところなの。ここで母さんたちは出会ったのよ。そしてピピたちが生まれたの。
早速掃除して炉を作ろう。今日からここが俺たちの家だ!

こうしてアピピたちは
20年ぶりにこの洞窟で
眠ることになった。
しかし…。
ふぁ～
ゴォ～
ぶぉ～
ねえ、ねえ、あなた！ちょっと起きて
泣き声みたいなのが聞こえるのよ！
ぶぇぇぇぇえーー
もう寝てるんだ静かにしてよ…。
そんなこと言わず見てきてよ！気味が悪いわ。
早く！
めんどくさいなあ。
ぶぇぇぇぇえーー
！
君は…。
ぶぇぇぇぇえーー

ピピは一瞬で
分かった。
あの見知らぬ人々の
子供である。
まわりには誰もい
ない…。
何で夜中にたった
一人で…。
子供はひどく弱っていた。
かわいそうに思った
ピピは、子供を
洞窟に連れて帰った。
なによピピ！
そんな子供を
連れて帰って
きたりして！
あの大きい人たちの
仲間じゃない。
仕方がないだろ。
ほっておいたら
死んじゃうもの。
お腹も空いて
いるよ。夜の
残りのヤギを
やろう。
ぶぇー
ふぇー

いやよ。何者かも分からない人たちの子に食事を分けてあげるなんて。
意地悪だな。
ぶぇー
しかし、この子の親はどうしたんだろう？近くにいる気配もないし。
でも、こわいわ。この子を探してもどってくるかも。
やっぱり今年は別の洞窟で過ごそうよ…。
しかしその後も、見知らぬ集団が洞窟に戻ってくる気配はなく、
ピピたちは結局デデリエ洞窟で冬を越すことに決めた。

$#%
ビタン
しょうがないなー。
ぶぁー
大丈夫よ！ザハ。
そして白い肌の娘はピピの家族の一員として育てられることになったのである。
やがてザハは立派に成長し…。
ピピの息子の一人と結婚した。

ほらほら魚が泳いでいるぞ!
どうしたの、お母さん。
ねえ、ピピ。ちょっといい?
やあ、ザハ。
あなたは知ってるのでしょう。私の姿が他の人と少し違う理由を。
…ザハ…。気づいていたのか。

君は僕の家族と血の繋がりはない。だが、昔、デデリエ洞窟に君と似た人々が暮らしていたんだ。
彼らはある時、急にいなくなってしまったんだけど…。きっと君は彼らの子だったんだ。
そして、彼らとはぐれてしまったんだろう。
僕はこの木の下で、泣いている君を見つけたんだよ。
そうだったの…
だけど君は、今や大切な家族の一人だし、
君の子どももちろん僕ら家族の一員だ。
分かっているわ！教えてくれてありがとう。ピピ。

ピピたちは知らなかったが、ネアンデルタールの家族は、あの日洞窟近くの平地に狩りに出ていた。
その狩りでピピたちとは別のホモ・サピエンスの集団と出くわし…
争いになってしまった。
にげろ!
ギャー
彼らは緊急避難したが、その途中で小さな娘とはぐれてしまった。母は洞窟に戻りたかったが、とうとう叶わず、一族とともに北へ逃避行してしまったのである。
あの娘がいないのよ!放して!
戻っちゃだめだ。あいつらがまだ追ってきている!

彼らと同様に、他の
ネアンデルタール人
たちも
西アジアの地を去り、
ヨーロッパに
戻っていった。

そして、ホモ・サピエンスとの
競合に敗れ、西へ西へと
追い詰められ、
およそ
3万年前に
スペインの
地で滅びて
しまった。

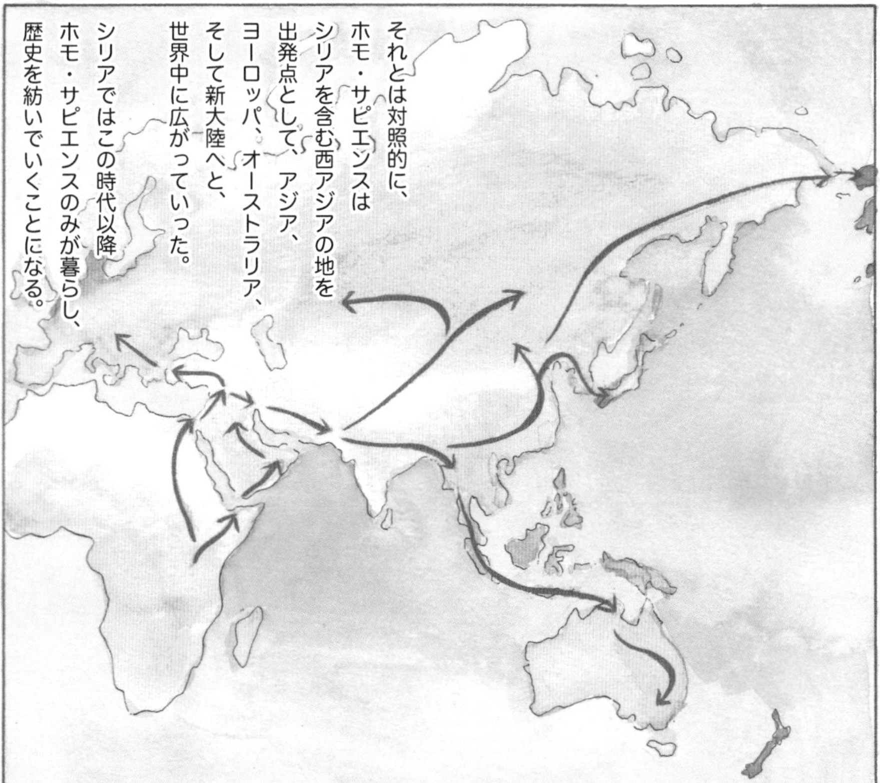
それとは対照的に、
ホモ・サピエンスは
シリアを含む西アジアの地を
出発点として、アジア、
ヨーロッパ、オーストラリア、
そして新大陸へと、
世界中に広がっていった。
シリアではこの時代以降
ホモ・サピエンスのみが暮らし、
歴史を紡いでいくことになる。

第2章
世界で最初に農耕を始める

2-1. ジャルフエルアフマル村

氷河期が終わった今から1万1千年前のシリア北部のユーフラテス河中流域では、豊かな環境の中で人々が定住生活を営むようになり、いくつもの小さな村ができていた。
ギョベックリ
アバル村
ジャデー村
カラメル村
ジャルフエルアフマル村
ムレイビット村
フラート河
アブフレイラ村

おめでとう！ムーム、ナーザ
おめでとう！

ジャルフエルアフマル村に住むムームは、この日、ムレイビット村の知り合いの娘ナーザをお嫁に迎い入れ、村では婚礼の宴が行われていた。
ムームのやつ、あんな美人を嫁さんにできて、なんて羨ましい。
ほんと、ほんと！
二人はムームが建てた竪穴住居で暮らすことになった。
どうだい？気に入った？
素適だわ！
そして10年後、二人の間には4人の子供ができた。
ダーダ
バージ
ウルナナ
アーシ

ウルナナ！小麦を採りに行くからダーダを見ててちょうだい。
私たちも小麦採り行きたい！
いいけどダーダを頼むわよ。
行くよダーダ！
誰よりもいっぱい採るよ！
ケガに気をつけて！
カーンカーン
あれぇ。また変なふうに割れちゃった。
10歳のバージ
ははは…。
父さん、笑わないでよ！

コツがあるんだよ。上手くやれば…ほら！
うぁ～すごいや！
やあ、ムーム、バージ、石器づくりかい？
ガージ！
この男ガージは、ムームのいとこで、ムーム一家の隣に住んでいる。
ムーム、明日狩りへ出かけないか？もう初夏だし、そろそろガゼルの群れが南から近づいてくるころだ。
僕も行きたいな。
もっと大きくなったらな！

そして翌日
行って
らっしゃい！
お父さん、
がんばって！
しかし…
どんなに
歩いても
ガゼルの
気配は
ないな…。
しーっ
でも、
オナゲルが
いるぞ。
あの
子どもを
ねらおう。
よーし！
キリキリ…
あっ
はずした！

まずい、
気づかれたぞ！
追いかけろ！
取り逃がすなよ！
ドド
ドドド
ムーム、
今だ！
よぅーし！
みてろよー。
よーし。
よくやった
ムーム。
ハァ
ハァ
やっと1頭
倒したぞ！
狩りはそんなに簡単
ではない。男たちは
どうにかオナゲルの
子ども1頭を倒し、村に
持ち帰ったのだった。

2-2. 新しいガゼル猟

ゆっくり食べなさい！
おいしいね。
ムーム達のとったオナゲルは、村人にとって久しぶりのごちそうだった。
……
どうしたムーム、
食べないのか？
…猟の方法について考えていたんだよ。
今のやり方じゃ、とれてもせいぜい2～3匹だ。
どうにかしてもっとたくさんとる方法はないかな。
なるほど…。
それならいい案があるぞ。
昔、変わったガゼル猟を見たことがあるんだ。

それは、首飾りの材料となる青い石を求めて南へ旅をした時のこと。
何の騒ぎだ?
ある村の近くを通りかかると、人々の大声が聞こえてきた。
ワーワー
何だありゃあ!
ワー
女や子どもたちが、ガゼルの群れを地形に沿って追い込み、
岩陰に隠れていた男たちが、ガゼルに向かい一斉に弓矢や槍を投げるんだ。

うちの村でも同じようにできないかな。村人全員に呼びかけてさ！
う〜ん。
やってみる価値はあるかもね。
しかし…。
なんだそりゃ。本当にうまくいくのか？
ガゼルを追い込む自信ないなぁ。
だけど、ガゼルがたくさんとれれば食糧の心配も減るし…。
余った肉や皮は、他の村との交易に使えるだろう？
やってみようよ！南の人たちができるんだから、俺たちにもできるよ！
まぁ、そこまでムーム達がいうなら、一度だけ協力しようか。
そうねぇ…。

こうして村人たちは、ガゼルの追い込み猟に挑戦することになった。
あーっ。ガゼルの群れよ！
さぁ。持ち場に隠れろ！
君たちはガゼルを追い込んで！
えーっ。でも一体どうやって？
大声で脅かせばいいんだよ。
ワーッ！
ぎゃあ
キャーっ！
うわーっ！
ちがうちがう。そっちじゃない！川沿いに追い込むんだよ！

おぃ、ムーム、ガージ、どうしてくれるんだ！
大量どころか、一匹もとれないじゃないか。
これならいつもの狩りの方がましだ。
くたびれもうけよ！
こうなる予感はしてたけどね。
ガゼルのお肉は？お腹空いた！
おい、待ってくれよ！
ガージ、これ以上つきあってられないよ。
くそっ！
ガージ、大失敗だったな。

やっぱり無謀だったのだろうか?みんなを巻き込んでしまって…。
みんな、初めてだし、追い込み方も慣れてなかったからよ。追い込む場所や方法を変えてみたらどうかしら。
それより、何といっても人数が足りないと思うわ。
うーん。それなら他の村の人に応援を頼んでみたらどうだろう。
ナーザ、君のムレイビット村はどうだろう。
そうね。父さんは新しいことをどんどん取り入れる人だし、うまく説明すれば、協力してくれるかも。

ムームとガージはナーザの父・アーシに話を持ちかけてみることにした。
アーシはムレイビット村の村長で村人をまとめる力があったからである
ガゼルの追い込み猟か。面白そうじゃないか。
南のやつらに負けるわけにはいかん。協力しよう。
本当ですか！
こうなったら俺たちも村のみんなをまとめなくちゃ
ああ
そこで、ムレイビット村から戻った二人は村の集会所に人々を集め、話し合いをした。

絶対にうまくいくから、もう一度だけ協力してくれ。
どう思われますか、長老。
う〜む
一回失敗したとはいえ、もし成功すれば、村はたいへん潤うだろう。
ムレイビット村もせっかく協力を申し出ているし…。
もう一度だけやってみるがいい。
長老！
じゃあ、今度こそ成功させないと！
どうやったらうまく追い込めるかしら？
石の列を作って群れを誘導するのはどう？

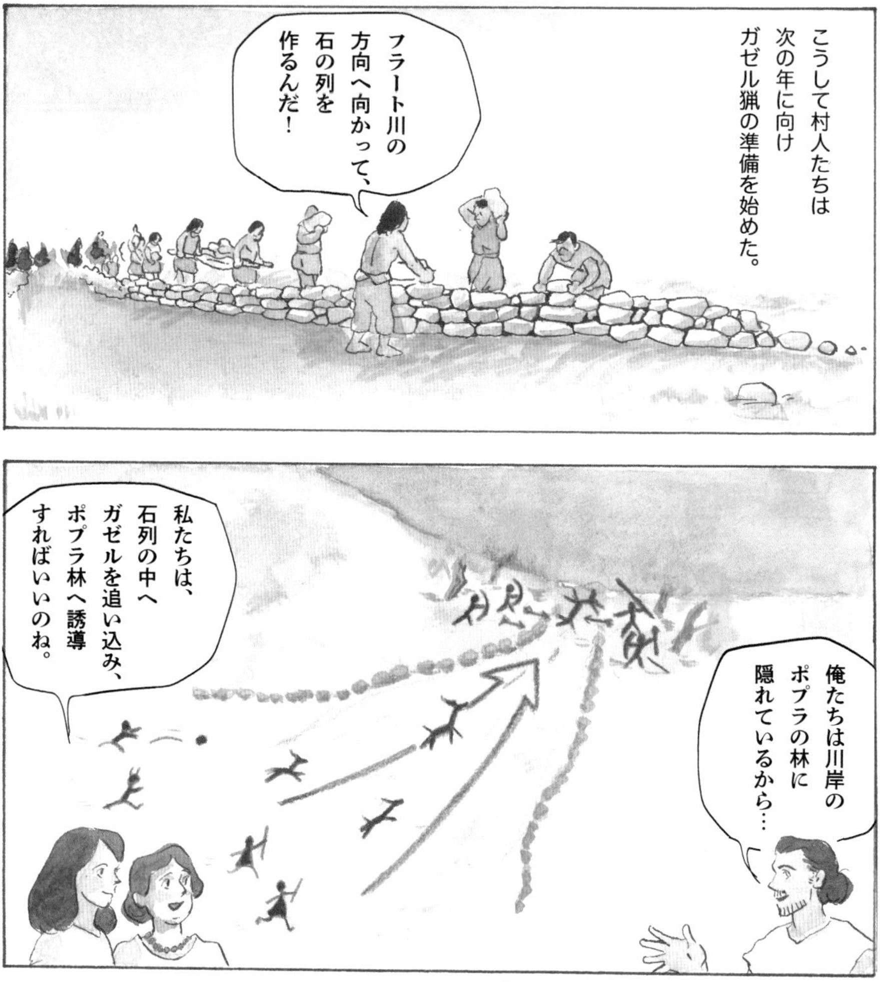
こうして村人たちは次の年に向けガゼル猟の準備を始めた。
フラート川の方向へ向かって、石の列を作るんだ！
俺たちは川岸のポプラの林に隠れているから…
私たちは、石列の中へガゼルを追い込み、ポプラ林へ誘導すればいいのね。
でも、そんなにうまくいくかな。
大丈夫！
ナーザ！
ちゃんと考えてあるわよ。

今度は数人ずつ藪の中に隠れて、
ガゼルの群れを取り囲んだら、一気に石列に追い込むの！
ガゼルたちが驚くように、お面や鳴り物も準備したわ。
うわーっ！
練習してみましょう！あなたたちはガゼルをやって。
わかった！
うわぁー！
ドンドン！
キャー！
やってる、やってる。今年はみんな張り切っているなぁ。

あの調子なら、今度は上手に追い込めそうだ。
ああ。
そして、ガゼルが林にやってきたら、この槍を投げるんだ。
おおっ！すごい！
ビュッ
ムームはすごいなぁ。
この新しい投槍器のおかげだ。
それに槍先も工夫してみた。どうだ、鋭いだろう。
2つの村の人々は、準備を整え、翌年ガゼルが来るのを心待ちにした。

そして初夏のある日…
ムーム!
南方からガゼルの群れがやって来ているぞ!
本当か!よーし。
バージ、ウルナナ、村の人たちに伝えろ!
わかった、父さん
二つの村の人々は、知らせを受けて石列のところに集合した。
男たちは槍と弓矢を持って、ポプラの林の中に数人ずつ隠れ、
女たちと子どもたちは草むらや岩陰に隠れて、ガゼルの到着を待った。

来た！
行くよ！
わーっ！
ウォー！
やっほー！

ドド　ドドドドドッ
来た　来た！
ドド
わーっ！
うわーっ！
ガゼルはまんまとポプラ林のほうに追いつめられ、仕留められた。
大成功だ！
本当！
すごい！すごい！
その結果、15分もしないうちに、30頭近くのガゼルが横たわることになったのである。

やったね、ナーザ！
大成功だな、ムーム、ガージ。
みんなのおかげですよ。
さぁ、ハイエナがやってくる前に、村に運び入れよう。
今日は大宴会だ！
その後、ムームたちが石器を使ってガゼルを解体し、ナーザたちが肉を調理した。
うまい！
うまい！
最高だ！
おいしいね！
お腹いっぱいになっちゃった。
まだまだあるわよ！

大宴会は夜遅くまで続けられた。
もうこれ以上は食べれないぞ！
これでしばらく、ガゼルの肉を保管しておけるわ。
食べきれなかった肉は、村のカマドを使って、燻製にされた。
ガゼルの皮は鞣して革にされ、
敷物や服に作りかえられていった。
この新しいガゼル猟の成功は、ムームとガージ一家の名声を一気に高めることになった。
ムームとガージは一目置かれる存在となり、彼らに意見を聞く村人も増えていったのである。

2-3. ギョベックリへ

ガゼル猟を成功させたジャルフエルアフマル村に20年以上の歳月が過ぎた。
ムームが50歳を過ぎたある日、ムレイビット村からナーザの弟のルーマが訪ねてきた。
姉さん、久しぶり！
元気そうね、ルーマ！
ルーマ、ひさしぶりだな。向こうで何かあったか？
いやいや。今日はムレイビット村を代表して、ムーム義兄さんに話をしに来たんだ。

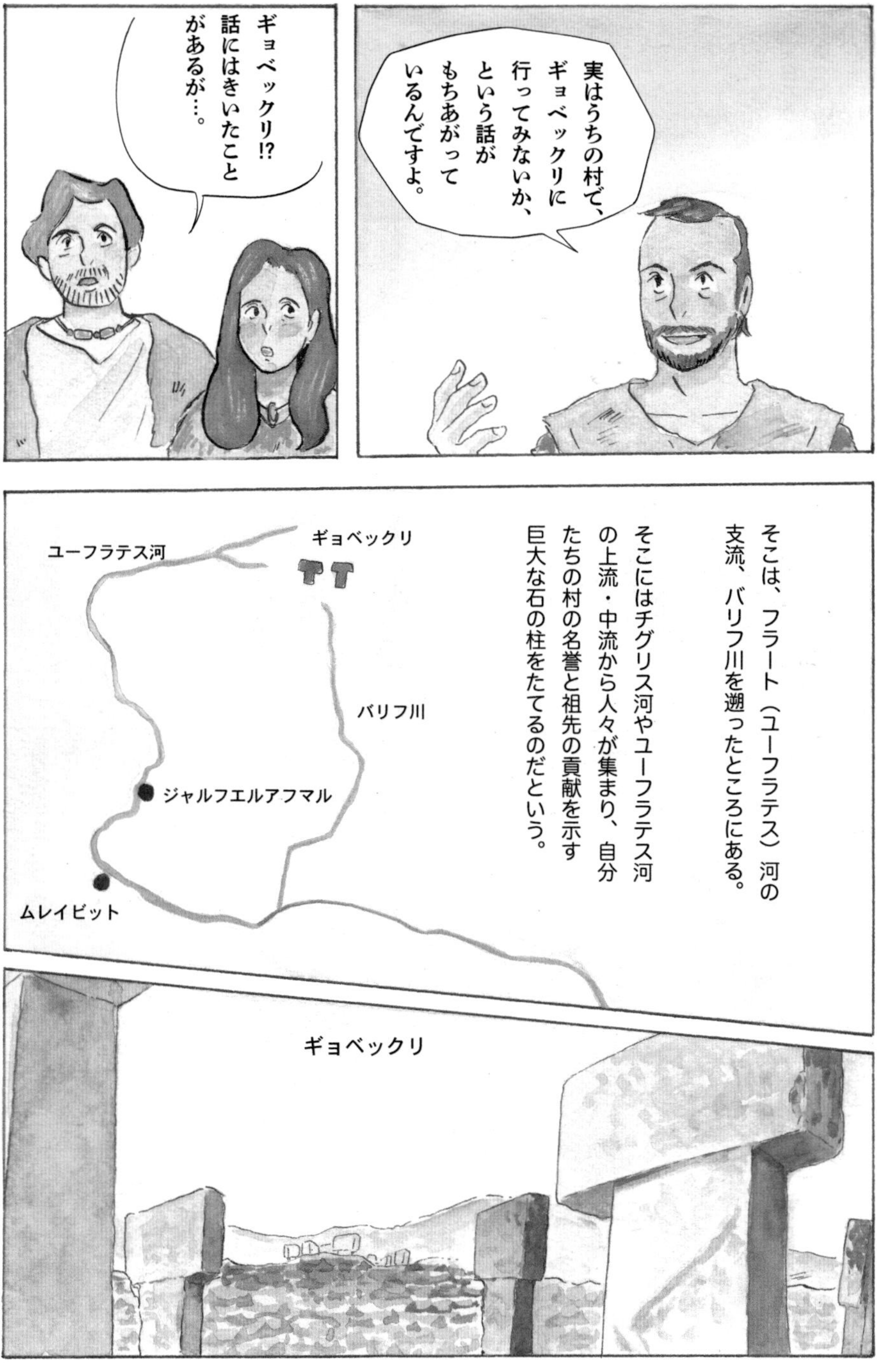
実はうちの村で、ギョベックリに行ってみないか、という話がもちあがっているんですよ。
ギョベックリ!? 話にはきいたことがあるが…。
そこは、フラート（ユーフラテス）河の支流、バリフ川を遡ったところにある。
そこにはチグリス河やユーフラテス河の上流・中流から人々が集まり、自分たちの村の名誉と祖先の貢献を示す巨大な石の柱をたてるのだという。
ギョベックリ
ユーフラテス河
バリフ川
ジャルフエルアフマル
ムレイビット
ギョベックリ

いまや、ジャルフエルアフマル村やムレイビット村ほど豊かな村は他にありません。
どうです？我々と共にギョベックリへ行き、巨大な柱を立てようじゃありませんか！
へえ！面白そうじゃないか！
わかった。今晩にも村人たちを集めて
相談してみよう。
はい！
ムームは村人たちを集めて話し合いをした。
男たちが長くいなくなるのは心配だわ。
いいじゃないか。行こう！行こう！
僕も行きたい！
あなたは小さいから駄目よ！
では決まりだ！ガゼル猟が終わった秋に出発する！
寂しくなるけど…
なんとか留守を預かるわ！

そして夏のガゼル猟の季節が終わり、秋が近づいた。
ムーム達は旅立ちの準備を始めた。
食糧や水を革袋に詰めて、ガゼルの燻製肉も準備した。
その他にもオナゲルや野牛の革製品、亜麻を織って作った服、
近くの村との交易で手に入れたトルコ石やメノウのビーズも持っていくことにした。
ギョベックリで出会うであろう人々と交換するためである。
何かいいものと交換してきてね。
分かった！

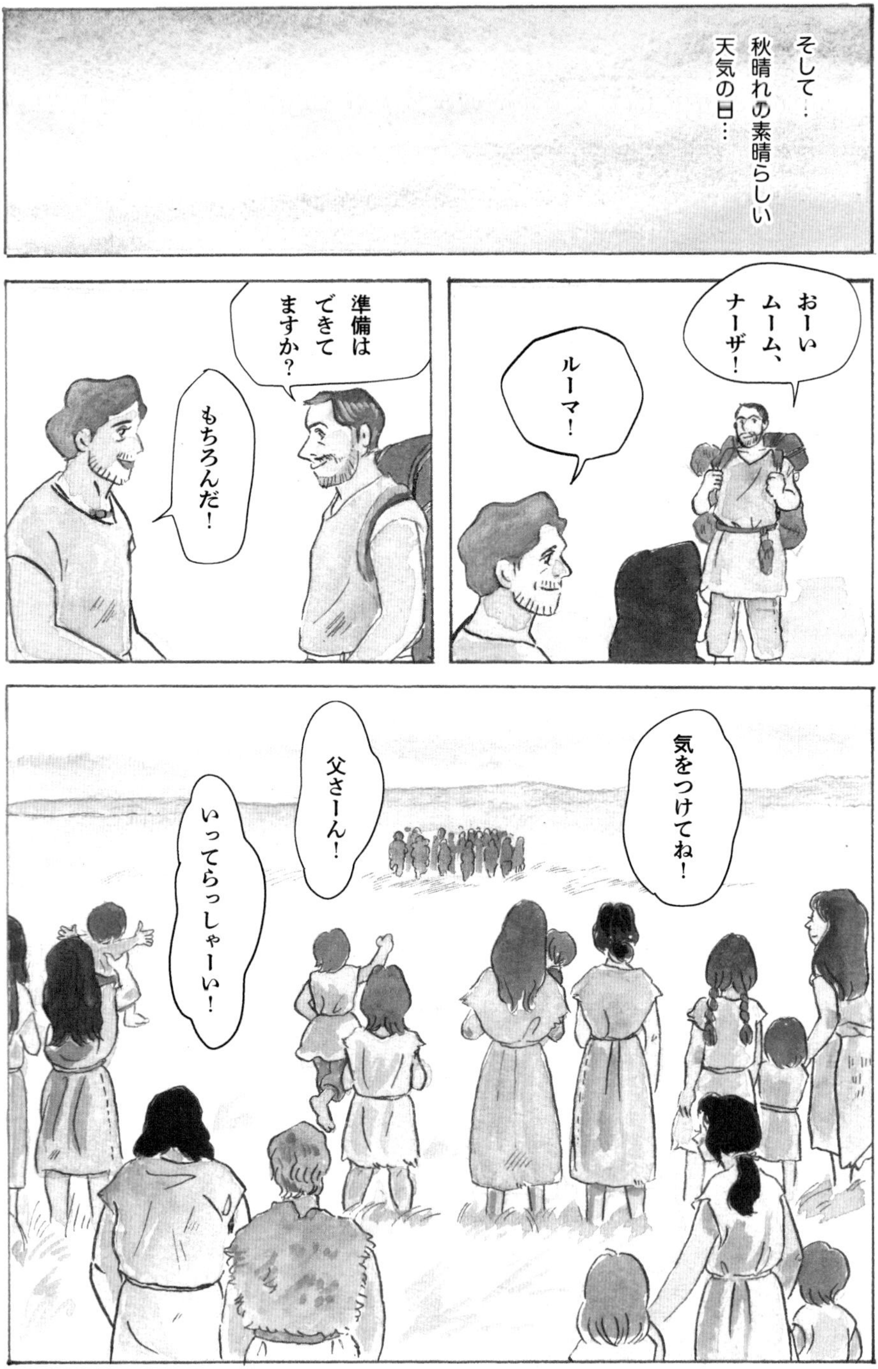
そして…
秋晴れの素晴らしい
天気の日…
おーい
ムーム、
ナーザ！
ルーマ！
準備は
できて
ますか？
もちろんだ！
気をつけてね！
父さーん！
いってらっしゃーい！

ジーガ、あれ見ろよ。
へっ！
ライオンの群れだ！
あいつ、強そうだな！
おい、何してる！放っておいて先を急ぐぞ！！変に刺激するなよ！
はーあっ。つまらん。
全く困った奴らだ。

でっかいライオンだったな。
追い込み猟の時あいつの毛皮をかぶったら、ガゼルたちはまんまとひっかかるだろう。
しかしみんな歩くのが遅すぎる。俺なんか走ってギョベックリまで行けそうだ！
俺もそう思ってたところだよ！どっちが先にたどり着けるか競争するか！
おい！そこの二人！
バカな話してないで早く寝ろ！興奮するのも分かるが体がもたなくなるぞ。
バージ兄さん

近くにハイエナがいるみたいだ
俺たちが見張りをやるから、
父さんと叔父さんは寝ていてよ！
ナーザたちが何日もかけて鞣したオナゲルの革の毛布を被り、ムーム達は眠りについた。
おやすみ、ナーザ…。

それから3日、
一行は
バリフ川
沿いに
歩き続けた。
疲れたな〜。
ははは！
初日の元気は
どこへ行った！
父さん、
あそこに！
結構大きい
村らしいぞ…
よし！
挨拶に行って
みよう。
こんにちは！
まあ…
珍しい方々
じゃな…。

我々はギョベックリへ旅してる者で…
これは我々の村でとれた、ガゼルの干し肉とレンズ豆です。
友好のしるしにどうぞ受け取ってください。
そうか、そうか。ギョベックリか！我々の村の柱もギョベックリに建っているぞ。
ここからは、あと三日ほど行ったところじゃ。
おいしそうな干し肉！何かお礼をしなくては！
では、こちらをどうぞ！村の周りで採れた野ぶどうです。
皆さんで、召し上がって下さいね。
うーん。甘い！甘い！

では、お気をつけて！
うまいなぁ！
生き返るよ！
全部食べないで、みんなに回せよ。
ちょっと来てみろ。お前ら。
ほら、あそこに…
あの茶色いの、何だ？岩か？
羊の群れだよ。バカだな…
あんなにたくさん初めてみたよ！
まあ、うちの村の周りじゃ、めったに見かけないもんな。
どうだ。一頭捕まえてみないか？
俺がやるよ。ルーマおじさん。
よーし！バージ、まかせたぞ。
ギリ・ギリー…ッ

やった!!
命中だ！
でかしたぞ！
さすが、
バージさん！
バージさんは
すごいなぁ。
おまえ、
弓矢へたくそ
だもんな。
うるさい！
ガゼルより
簡単だよ。
動きが
のろいし。
羊は、頭の先から足の
先まで、みんなで
きれいに平らげた。
目玉と脳みそは、
羊を一発で倒した
バージに与えられた。
うまいね！
母さん達にも
食べさせてあげ
たいね。
アーシ
帰りにまた
群れに
出くわしたら、
乾燥肉にして
持ち帰ろう。

2-4. ギョベックリ

ジャルフエルアフマル村を出発して7日目のお昼過ぎ…
一行は、ハラン高原にたどり着いた。
おや、あれは…もしかして…
見えたぞー！
ほら、あの丘！
わああれが…

ギョベックリ…！

丘の上は
石柱を建てようとする
人々の熱気に満ちていた。
すごいや…！

まるで、丘全体がうなってるみたいだ！

こっちでは何かを作ってるね

本当に俺たちもこんなものが作れるのかなぁ。
バージ
君たち、新しい顔だね。
はい、南の方から旅して、今日ここにたどり着いたのです。
私たちも、このような石柱を建てたいのですが、どうすればいいのでしょうか？
ふうん。それならまず、ケル様に会いに行くことだな。
ケル様？？
ああ。ギョベックリを取りまとめているお方さ。
あの一番高い丘の上に住んでいらっしゃるんだ。

でかい柱だなあ。
ケル様はどこだろう?
おや、君たちは誰だ?
あなたがケル様ですか?私たちは、南の方からきたのですが…。
そうか、それは珍しい!どうぞこちらへ。
これは、私たちの村の特産品です。どうぞ受け取って下さい。
ほう!ガゼルだなこれは。君たちは名ハンターに違いない。
何でもすぐに分かる元気な人だなあ。

私たちも自分たちの村の祈りの場を、丘の上に作りたいのですが、できるでしょうか？
もちろんだとも。ガゼルハンターの君たちには、丘の頂上近くの場を提供しよう。
君たちも、ご先祖様の力に生かされてここにたどり着いたのだ！ご先祖様を祭る、立派な石柱を建てるがよい！
ありがとうございます！
こうしてムーム達は、祈りの場の建設にとりかかることになった。

しかし、どうやって作ろうか。
こんなでかい石、切り出したこともない。
おーい、君たち！
あ、あなたは昨日の！
俺はギンだ。
初めてでわからないこと多いだろう。私たちが色々教えてやろう。
本当ですか。ありがとう！
ムームたちは、ギンや彼の村の男たちと友人となり、石の切り出し方や石柱の運び方など、色々なことを教えてもらった。

うわー…。我々の儀礼と似ているけど、ずっと盛大だ。
彼らは北方から来た人々だよ。彼らの石柱はどこの村のものより大きい。
彼らの石柱には熊がたくさん刻まれていますね？
そうさ、彼らは熊が沢山いる北方の森から来たんだ。
彼らの生活は熊と切り離せないってわけさ。

ところで君たちの動物はなんなの?
そりゃ、ガゼルに決まってる!
おいおい、ターガ、勝手に決めるな。
しかし、他にふさわしい動物があるかな。
我々の村の繁栄はガゼルのおかげだ。
ここに石柱を建て、我らとその祖先が、優れたガゼルハンターであることを、広く知らしめよう!

2-5. パン作りが人々を驚かす

よーし、頑張るぞ！他の村の奴らの鼻をあかしてやる。
こうしてムームたちは祈りの場の建設作業に取りかかった。
あれ、小麦がある。
へぇー。フラートではとっくに小麦の収穫は終わっているのに。
それに、フラートの小麦と何だか少し形が違う！

たくさん生えているし、パンでも作ってみようか。
そうだね、ガージおじさん！せっかくカマドも作ったことだし、パンを焼いてみよう。
アーシたちは、家造りの合間に小麦を収穫し、玄武岩製の石皿を作って製粉した。
何だ？このいい匂いは？
くんくん
フラートから来た新しい連中の家の方からの匂いだ。
うわぁー、何だあれ？
見たこともない食べ物だ！

さあ、父さん食べてみてよ。この辺の小麦で作ってみたんだ。
ん！うまい！
フラートの小麦で作ったパンより甘い味がするよ。
うあー！おいしそう！
君たちも食べてみないかね？パンは私たちの村の味なんだ。
いいんですか？それじゃ、ぜひ。
！
！
何だこりゃ。これはうまい。こんなもの食べたことない！

バージたちが作ったパンはたちまち人気になった。
甘いなぁー。こんな味のもの初めて食べた。友達にも持って行っていいですか?
わぁ!もうなくなっちゃった。
もっと焼いてみんなにふるまおう!
ムームたちはもっとたくさんの小麦をとってパンを焼き、毎晩のように行われる宴会でみんなにふるまった。
どうぞどうぞ食べてください。
珍しい食べ物だ!うまい、うまい。

本当にうまいなぁ。俺たちにも作り方を教えてくれないか？
もちろんいいですよ。
しかしあなたの村の羊肉もとてもおいしいですよ！私たちの村では羊はめったにお目にかかりません。
あっ。包んで食べてる。
パンに肉をはさむと、さらにおいしのさ。
私たちはずっと東の山から来たんだ。
私たちはブドウでお酒を作っていてね…。
〜〜〜〜！ウィー。
うまいっ

このように、ギョベックリでは、集まってきた沢山の村人の間で、様々な交流が行われた。
パン作りを教えてもらったお礼に、この石器の作り方を教えてやるよ。
うわぁ！見たことのない見事な形の石器だ。
各地から集まった人々は、食べ物や道具類などの特産品を交換したり、石器づくりや道具作りなどの技術を教えあった。

さあ、もうひとがんばりだ！

どうだ君たち、作業は順調かい？
ケル様！
はい、ギンさんと彼の村人が教えてくれるので、作業は順調に進んでいます。
君たちは柱に何を刻むの？
もちろんガゼルですよ。
そうか。君たちは優秀なガゼルハンターだったな！
はい！ですから、ガゼルを抱く祖先神を柱に描いています。

へぇー。ガゼルの柱か。完成したのを見てみたいなぁ。
君たちは何の柱を建てるの？
鳥さ。私たちは昔から豊かな湖のそばで暮らしてきた。
そこにやってくる鳥たちは僕らの暮らしを守ってくれる大切な存在なんだ。
そうか。だから水鳥なんだね。
ギョベックリでは、みんながそれぞれの村の祈りの場を作りながら、自分たちの祖先に深い感謝をささげていた。そして他の村の人々の祖先神やトーテムにも感謝し、お互いを思いやっていた。

それから一ヶ月が過ぎ、
二ヶ月が過ぎ、
はぁ！俺たちがここに来てから何日経ったんだろう。
とは言っても、完成した柱はやっと一本。
もう一本建てるには時間がない。このまま真冬になっちゃうよ。
バージ
父さん…。そろそろ限界じゃないか？みんな村が恋しくなってるし、家族だって心配して待ってるよ。
そうだな。帰って冬をむかえる準備もしなければならん。
みんなに伝えて、ケル様にも報告に行こう。
ムーム

そうか、
帰るか…。
はい。
しかし、来年の初夏
ガゼルの猟が終わったら
必ず戻ってきます。
それまで私たちの
聖なる円を
お守り
いただけま
すよう…。
承知した。
それではお前たちの
聖なる円を一旦埋め戻して
から村へ帰るがよい。
来年まで待っているぞ。
はい、
ありがとう
ございます。
それから数日かけて、
ムーム達は作りかけの
祈りの場を埋め戻した。
来年、
また会おう！
ああ、また
ガゼルの干肉を
持ってくるよ。
それから、
この羊と
山羊の子供は、
君たちへの
贈り物だ。

うわぁ。ありがとう。
ルーマは、ギンにもらった羊と山羊の子を連れ帰ることにした。
生きたまま連れ帰れば、村で待っている人々が新鮮な肉を食べられると考えたからである。
バージ、君には黒曜石を。
いいのかい？
よし、これで君に教えてもらった石槍を作ってみるよ！
さあ、出発だ。また来年戻ってこよう！

2-6. フラートへ戻り、そして食糧生産社会へ

ムームたち一行は、七日かけて故郷のフラートに帰ってきた。
ただいまナーザ。
ずっと待っていたのよ!
長いこと留守にしてすまない。みんな元気にしていたか?
えぇ。みんな無事よ。みんなあなたたちを待っていたわ。
さぁ、今夜は大宴会だ!
その晩は村中の人が集まり、夜遅くまで男たちの土産話に耳を傾けた。
ねぇねぇ…早くギョベックリの話をしてよ!

こんなでっかい石柱を建てるんだ。俺の背丈の二倍はあるぜ。
うそよ！そんなに大きな柱を建てるなんて。
うそじゃないよ。
ああ、久しぶりの村の食事はやっぱり最高だ！
やだ！泣くほどおいしいの？
ねぇ、これを見てよ！
なあに？
小麦…？でも何だかこの辺りのものとは少し違うけど。
そうなんだ！この小麦はとても甘くてパンに焼くとすごくうまい。
ふうん。私も食べてみたいな！
だけど、こんな量じゃ村の人みんなに行きわたらないね。
じゃあさ、村の周りに種をバラまいてみたら？
そうね、芽が出て次の初夏にはたくさん種子が取れるかもね。

そしたら、この一粒が何十粒、何百粒になり、
何十枚ものパンができる…。
そんなにうまく行くかね…。
いいじゃない。やらせてみたら。
ギョベックリから持ち込まれたものは、村の暮らしに少しずつ取り入れられていった。
何やってんだ?
新しい小麦にヒヨコ豆。
新しいタイプの多様な石器。
へえー。これどうやって作るの?

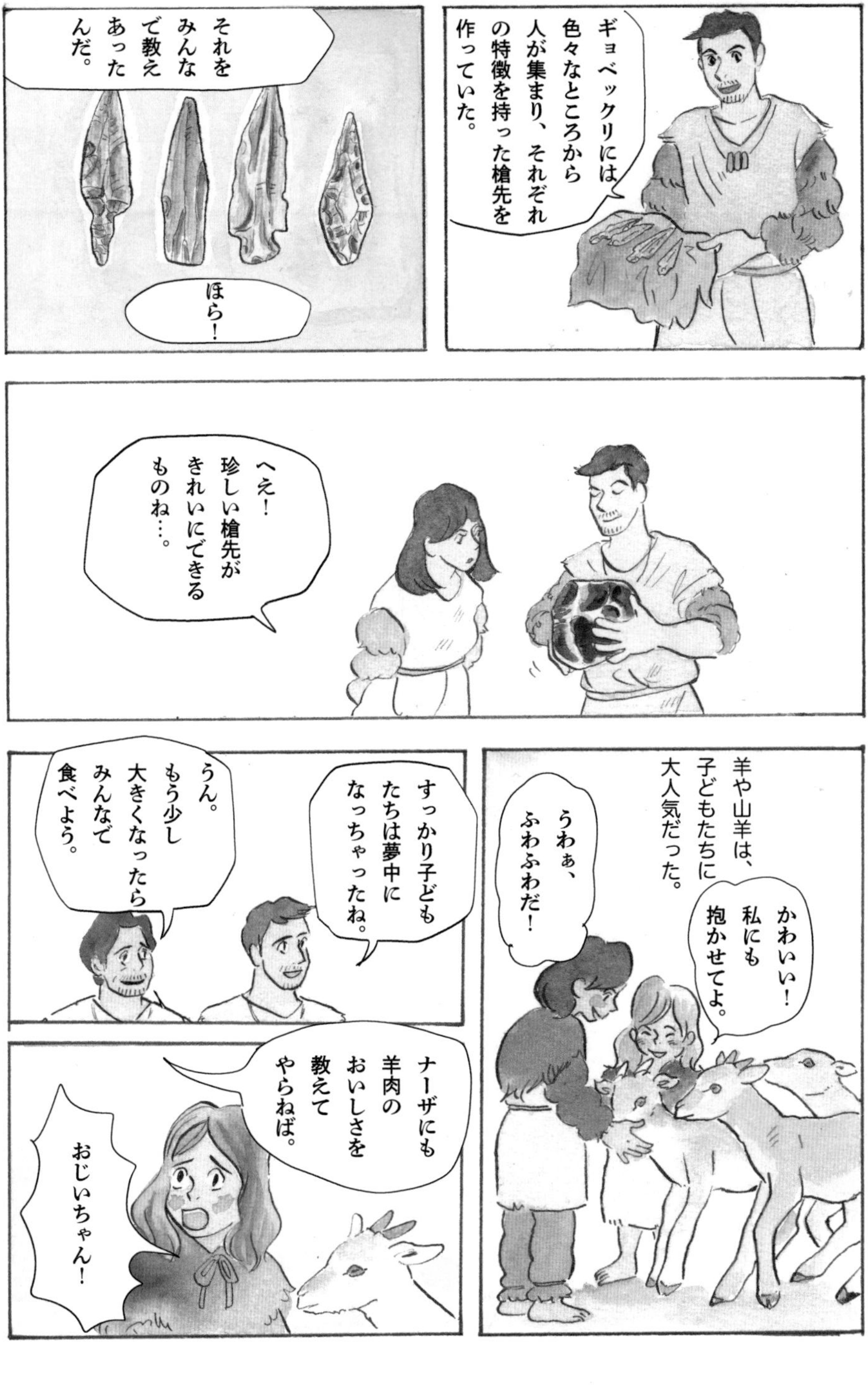
ギョベックリには色々なところから人が集まり、それぞれの特徴を持った槍先を作っていた。
それをみんなで教えあったんだ。
ほら！
へえ！珍しい槍先がきれいにできるものね…。
羊や山羊は、子どもたちに大人気だった。
うわぁ、ふわふわだ！
かわいい！私にも抱かせてよ。
すっかり子どもたちは夢中になっちゃったね。
うん。もう少し大きくなったらみんなで食べよう。
ナーザにも羊肉のおいしさを教えてやらねば。
おじいちゃん！

絶対だめよ！
いやだ！食べちゃダメだ！
ハッタ……。
おじいちゃん！
うわぁーん
しょうがないな。試しに子供たちに世話を任せてみよう。
えっ、父さん。せっかく母さんたちに食べさせようと、連れ帰ったのに！
仕方ないだろう。ハッタがあんなに気に入ってるんだから…。
全く…父さんはハッタに甘いんだから…。
こうした新しい技術や植物、動物が、人々の暮らしを大きく変えて行くことになる。

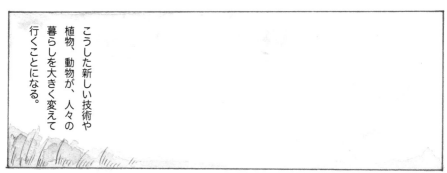

うわー――――!
小麦がこんなに!
たくさんパンが食べれるわよ!
いや、これは驚いた。
大量に小麦が採れたのはいいけど、粉にするのがすごく大変…。
こういうふうに石皿と磨石を作ったらどうかしら。
女たちは、小麦をより効率的に粉にできる石皿と磨石を作ろうと工夫を続けた。
おいしい!
ギョベックリの小麦で作ったパンは粘っこいね。
秋が来たら、また種をまいて増やしましょう。
そうね!

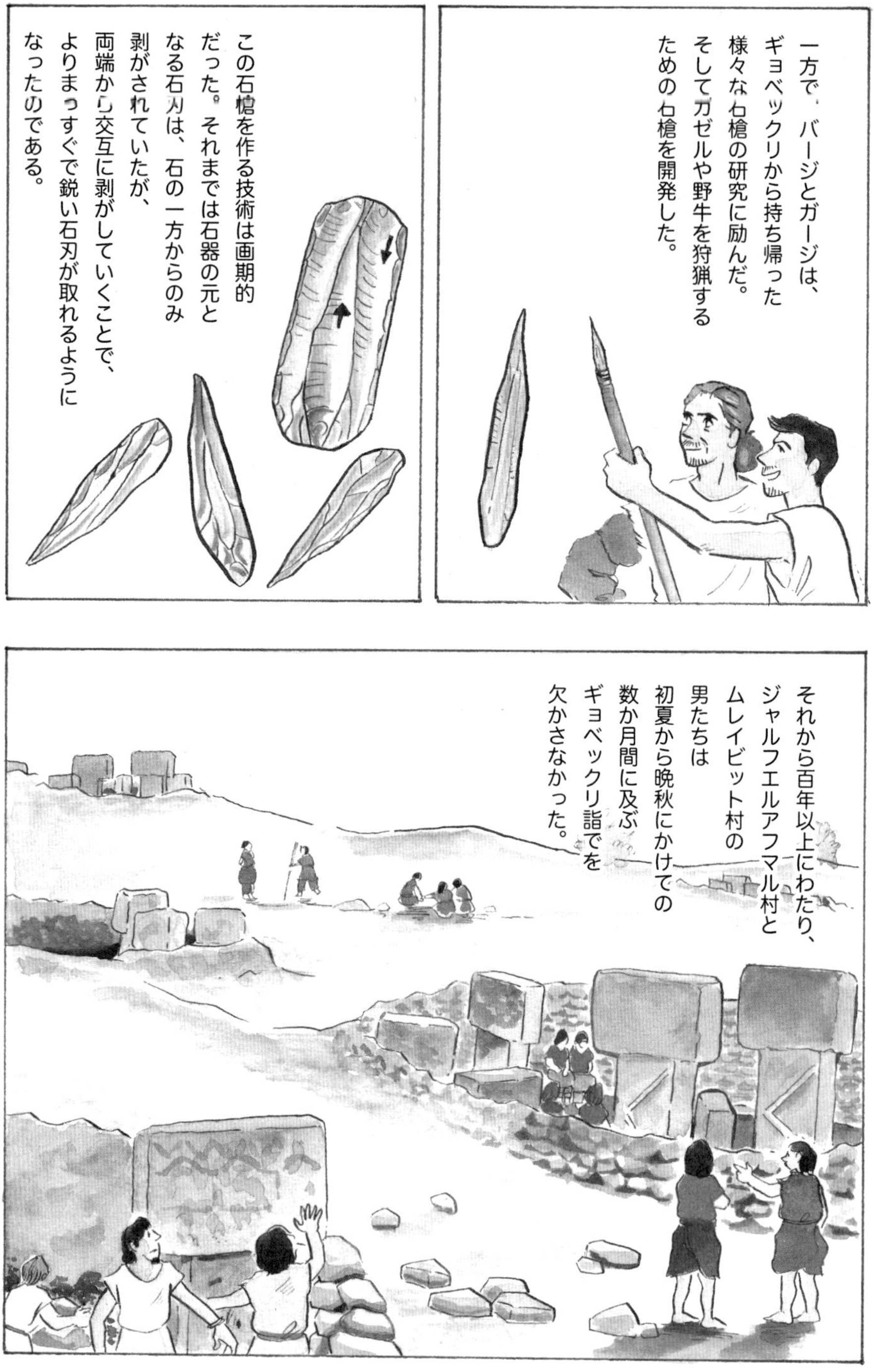
一方で、バージとガージは、
ギョベックリから持ち帰った
様々な石槍の研究に励んだ。
そして、ガゼルや野牛を狩猟する
ための石槍を開発した。
この石槍を作る技術は画期的
だった。それまでは石器の元と
なる石刃は、石の一方からのみ
剥がされていたが、
両端から交互に剥がしていくことで、
よりまっすぐで鋭い石刃が取れるように
なったのである。
それから百年以上にわたり、
ジャルフエルアフマル村と
ムレイビット村の
男たちは
初夏から晩秋にかけての
数か月間に及ぶ
ギョベックリ詣でを
欠かさなかった。

その間、村に残った
人々は生活の中に
外の世界のモノや情報を
取り込み、
自分たちの暮らしに
合うように工夫を
繰り返した。

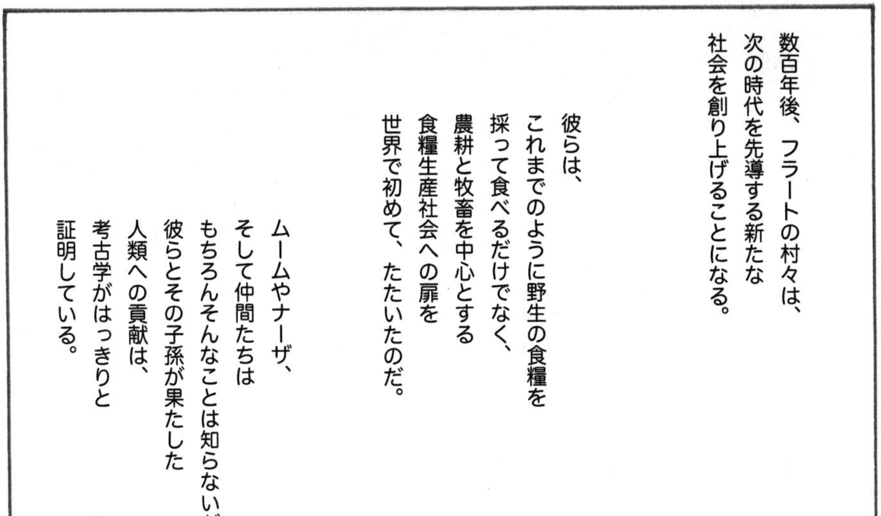
数百年後、フラートの村々は、
次の時代を先導する新たな
社会を創り上げることになる。
彼らは、
これまでのように野生の食糧を
採って食べるだけでなく、
農耕と牧畜を中心とする
食糧生産社会への扉を
世界で初めて、たたいたのだ。
ムームやナーザ、
そして仲間たちは
もちろんそんなことは知らないが、
彼らとその子孫が果たした
人類への貢献は、
考古学がはっきりと
証明している。

第3章　村々の発達と文字のはじまり

3-1. ジャルフエルアフマル村を去る

ムームやナーザが
暮らしていたころから
数百年経った
ジャルフエル
アフマル村は、
小麦や大麦の農耕が
少しずつ軌道に乗り、
羊や山羊の飼育も
始めていた。
村の規模も大きくなり、
フラート河に沿って、
他にいくつもの村が
建設された。

村が豊かになったので、その富を狙って
外敵や盗人が来ることもあった。

人々は家を密集させやすいように円形プラン
から方形プランに変えて、村を守った。

村の風景は、今日のシリア
に見るような農村風景に
徐々に近づき、フラート河
の村々はますます繁栄して
いった。…しかし….。

サーマ！
サーマ
丘の向こうも全然だめだわ。
ルージ
やっぱりもう限界よ。このままじゃ死人が出る！
そうだなルージ。こう何年も雨が降らない年が続くなんて…。
最近じゃ、やせ細った山羊を食べるしかない。
食糧を狙った盗みも年々ひどくなる。
あの考えをみんなに相談してみる他ないんじゃない？
そうかもな…。

よし、長老にお願いして今晩みんなを集めてもらおう。
サーマはムームの6代目の子孫だった。サーマ、そしてその妻のルージは、村を何とか救おうと、長い間考えていたのだった。
なんだって！
村を捨てて新天地を探すだと!?
しかし、このままでは…。
一体どこへ行くんだ？
そんなの無理だ！
無茶だ！
うちの母さんは足が悪いのよ！
カータ様！あなたはどうお考えですか？
カータ様!?
うむ…。

わしは、サーマたちに賛成するぞ。この村を去るべきだ。
そんな！！
先祖から受け取ったこの村を捨ててもいいのですか？
何だ！
お前たちは忘れたのか？偉大な祖先の歌を…。
「彼らの姿が見つからないならば、私たちは彼らの所まで旅を続けよう」
「私たちはガゼルを追って歩き続ける。オナゲルを追って歩き続ける」
しかし…。どこに豊かな土地があるのですか？このあたりはみんな飢えているのですよ。
それも考えてあるよ。
雨はいつも西からやってくる。だから、西に行けば豊かな土地にたどり着けるんだ。

しかし、お前、実際に見た訳じゃないだろ。
それは…
大丈夫じゃ。わしは若いころ、西を旅してアーシ川という小川まで行ったことがあるぞ。
本当ですか！
その川は小さいが緑に囲まれておった。
そしてアーシ川を渡って山を越えれば、我々の祖先がまだ見たこともない「水の大地」があると言う言い伝えもあるぞ。
「水の大地」…。
ふぅーん…。カータ様が言うならしかたない。
そのアーシ川とやらを目指すしかないのかもな。
こうして人々は不安ながらも村を離れることを決断した。

初夏、男たちはギョベックリへ最後の祈りと、祈りの場の埋め戻しに出かけた。
この旅は一カ月ほどでおわり…
今度は村の共同施設である祖先たちへの祈りの場を、土で埋め戻した。
これは祖先たちの魂を護るためであった。
そして晩秋。
さぁ、いよいよ出発の時じゃ。村の土地とフラート河に最後の祈りをささげ、サーマに従って出ていく時じゃ。
サーマ、お別れの時だな。長年の友人がいなくなるのは寂しいが、俺たちもまもなくムレイビット村を離れるよ！
そちらもお元気で。いつかまた、どこかで会えますように！

3-2. 西に向かう

こうしてジャルフエルアフマル村の人々は、彼らの故郷フラートに別れを告げ、
人々はわずかな水と食糧を分け合いながら、歩き続けた。
母様、大丈夫？
がんばって！
のど渇いた。まだ歩くの？
うん…。まだ先はこれからね。
カータ様の記憶違いか、サーマが方向間違ってるんじゃないか？
アーシ川って本当にあるのか？

何よ！サーマが間違えるわけないでしょう。
まぁ、まぁ、ルージ。みんなほとんど飲まず食わずで歩いているんだ。イライラするのもムリはない。
あっ！川だ。
何！？本当だ。
水だ、水だ！
んっ！
！！
しょっぱい！
ペッ

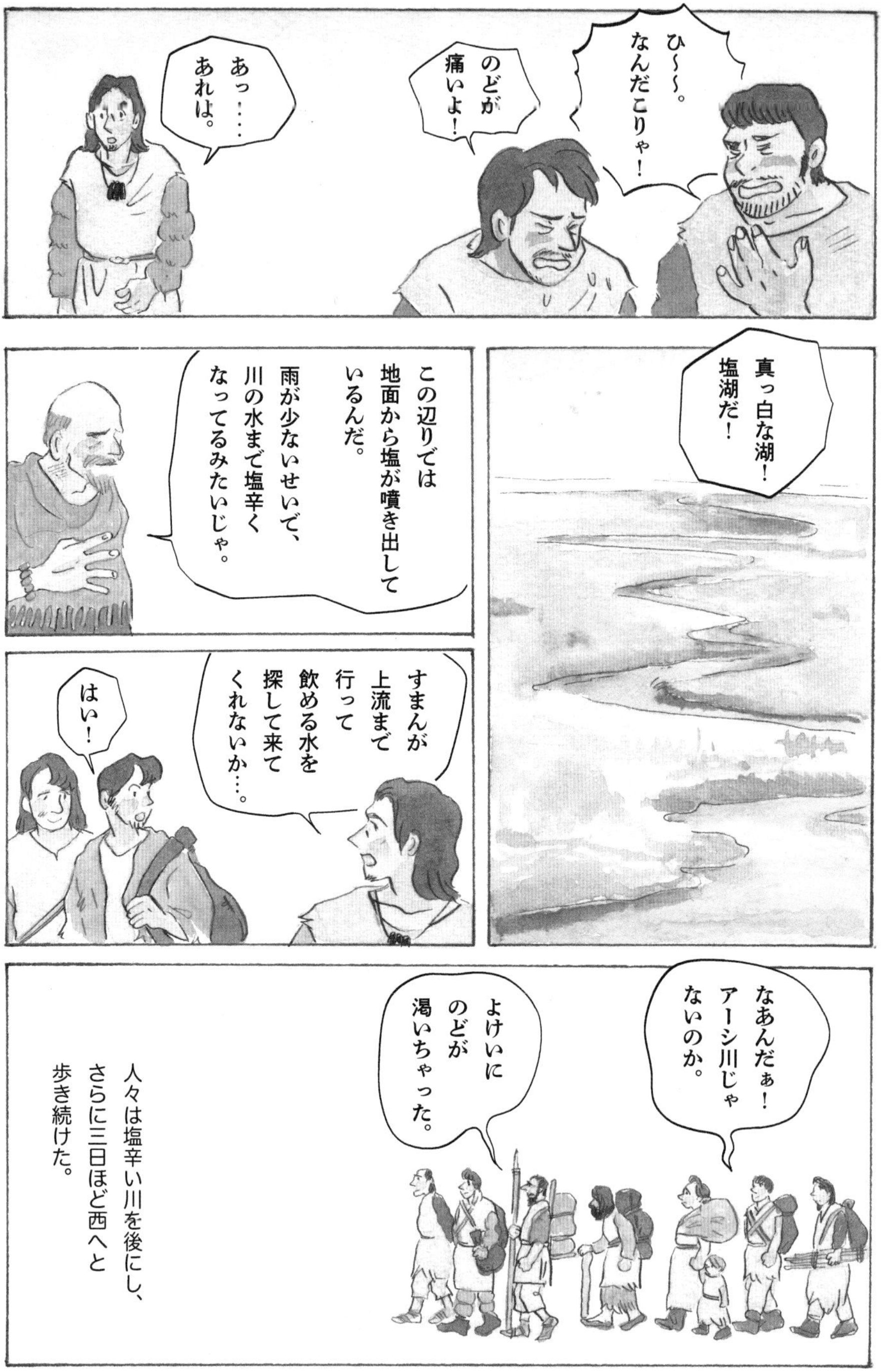
ひ〜〜。なんだこりゃ！
のどが痛いよ！
あっ……あれは。
真っ白な湖！塩湖だ！
この辺りでは地面から塩が噴き出しているんだ。雨が少ないせいで、川の水まで塩辛くなってるみたいじゃ。
すまんが上流まで行って飲める水を探して来てくれないか…。
はい！
なあんだぁ！アーシ川じゃないのか。
よけいにのどが渇いちゃった。
人々は塩辛い川を後にし、さらに三日ほど西へと歩き続けた。

何だか景色がずいぶん変わってきたわ。
こんな葉っぱ、見たことがない。
石灰岩とその風化土に覆われた涸れ谷は、彼らには見慣れない景色だった。
フラートの近くの木と言えば、ポプラがほとんどだったが、ここには、カシや松、ピスタチオなどがたくさん生えていたのだ。

あー
ーっ！
何だ、
この豊かな
大地は！

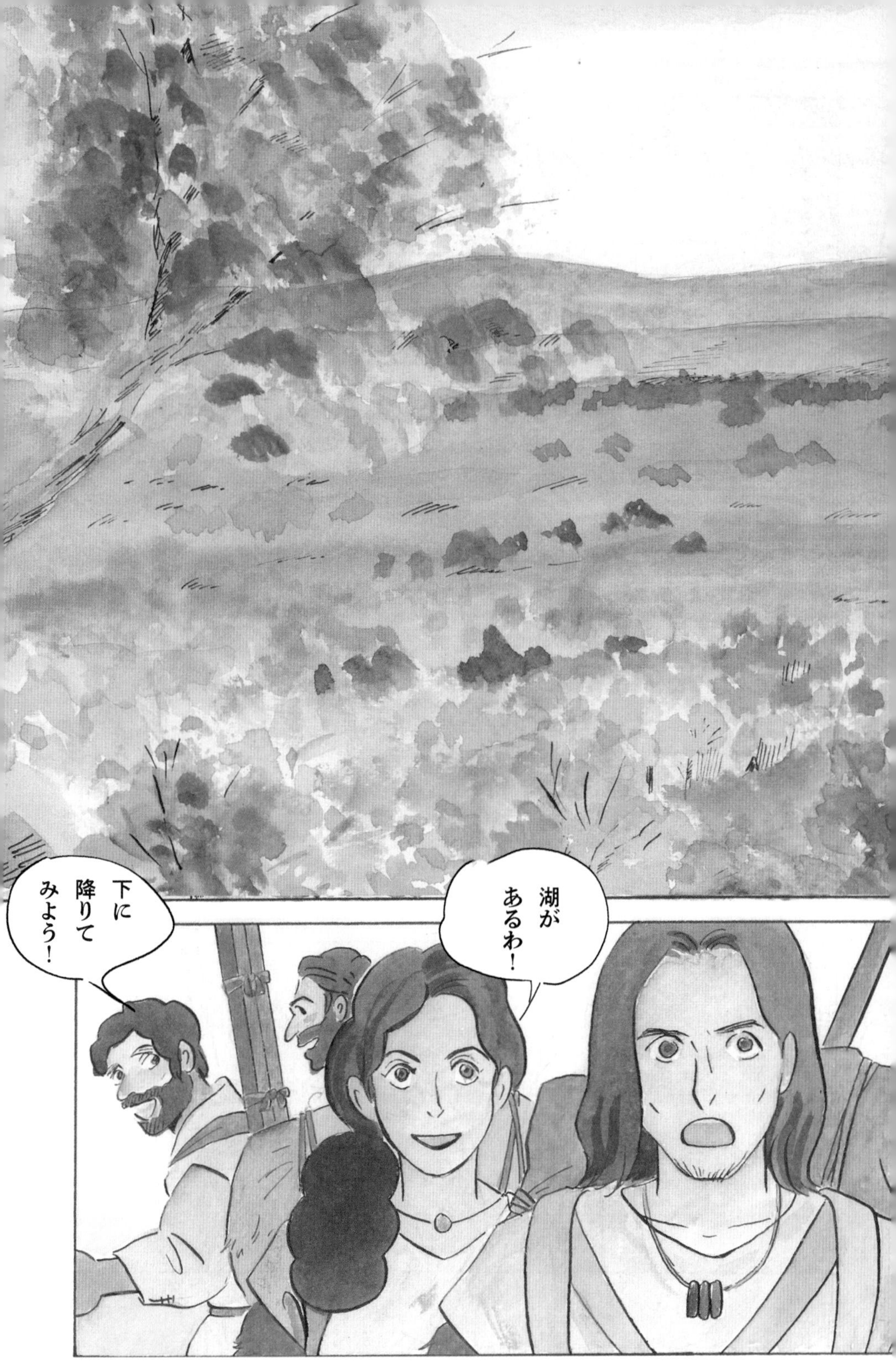
湖があるわ!
下に降りてみよう!

うぉー。
なあに、この黒い地面！
ふかふかで歩きにくい！
これが、「森」っていうやつか？
湖の方へ行ってみようよ。
人々はこの不思議な盆地を夢中で歩いて回った。
うわぁ——。なんだ？でかいぞ！

盆地にはたくさんの生き物がいた。
キツネ、ウサギ、ネズミやヘビ
猪や野牛もいる。
とった！
久々のごちそうになるな！
こんな素晴らしい所に村ひとつないなんて…。
ここは誰も見つけたことのない、特別な場所に違いないわ。
カータ様、ここに村を造りましょう。
この黒い大地がきっとみんなを飢えから救ってくれるわ。
しかし、どこに村を建てるのが一番いいかな？
湖の周りは生き物は多いが湿地が多くて、子供や年寄りには危ないだろうし…

あの山の近くに泉を見つけたよ！
来て来て！
おいしい水だから飲んでみて！
うーん。甘い水だ！
景色もいいし、ここに村を建てるのもいいかもな！

家造りには、石灰岩地帯や盆地に生えるカシや松の木が役立った。
こうしてサーマたちは、石灰岩の山の麓の泉のそばに村を造ることにした。
粘土もたくさんあったので、石の代わりに粘土を積み上げて温かくて涼しい壁を造ることもできた。
ルージは、仲間とともに食べられるものを探して森の中を歩き回っていた。
ピスタチオがこんなに！
アーモンドだってたくさんあったわよ。
ねぇねぇ見て！見たことない果物を見つけたわ。
なにこれ？食べられるの？
鳥が食べていたし、大丈夫じゃない？

おいしい！大丈夫よ！
盆地の周辺には、リンゴやブドウの木も生えていた。もっとも、それらは彼らがたどり着いた晩秋には干からびてしまっていたが、それはそれで美味しかった。
うまい、うまい！
甘いよ！
黒い土を前にたたずむルージ。
この黒い土。
とても豊かな植物たち。
やっぱりこの土地には植物を育てる特別な力があるんだわ。

ねぇ、サーマ、この村の周り一面が小麦畑になったら素敵じゃない？
ええ……？
しかし、それはちょっとムリじゃないか？
すでに草本がこんなに茂っているし…。
ここに小麦を蒔いても、きっと他の植物に覆いつくされてしまうさ。
だから草を取り除くのよ。黒い土の力が麦や豆にだけ行き渡るようにするの！
最初から最後まで面倒見るなんて、大変だぞ！
今までのやり方でも飢えはしないさ。面倒はやめときなよ。
じゃいいわよ！協力してくれなくても。
一人で勝手にやるから！

手伝うわよルージ!
しかしながら、ルージに賛同して手伝ってくれる人が増えてきた。特に女たちは、とても熱心にルージを手伝い始めた。
ちょっと面白そう!
こんなにみんなが手伝っているなら、俺もなんかしなくちゃな。
サーマ!
やるからには絶対成功させるぞ!
そうこなくっちゃ!
こうして村の周りの土地は整備され、ルージたちはフラートから持ってきた小麦や豆をまいた。
これも蒔いてみましょう!
あ…それ!
この間、山で見つけた豆ね? これ美味しいから、いっぱい増えるといいなあ。

あ！ダディア兄ちゃん、ここにいたのね。
しー！しずかにしろ！
ほらみろ！ウサギが逃げちゃったじゃないか。
うわーーん！
何してるんだダディア！
げっ、父さん！
何でもないよ！
父さん狩りに行くの？
そうさ！今日こそあのでかい生き物を仕留めてみせるぞ！

いたぞ！
よーしー
うわぁー！
逃げろ！逃げろ！
猪狩りも然り…。
横に逃げろ！！
ムリだよ！
しかし、野牛の子やウリボウは、簡単に人に付いてきた。
どうしよう。追いかけてくる。
子供らの土産につれて帰ろう。

うわぁ、かわいい！
私にも！
くたびれたね！しかし大成果だ！
ねん挫しただけだ。

村づくりはその後も順調に進んだ。20軒ほどの家を建てたあとで、村人たちは共同の祈りの場に集まった。

ジャルフエルアフマル村から大切に持ってきた石板を、新しい村に据置くのをみんなで見守った。

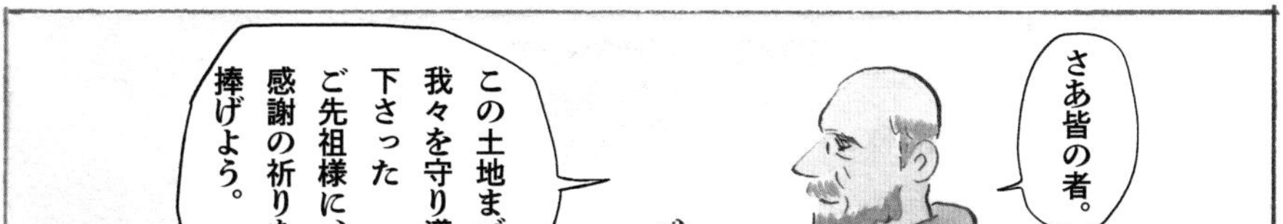
さあ皆の者。
この土地まで我々を守り導いて下さったご先祖様に、感謝の祈りを捧げよう。

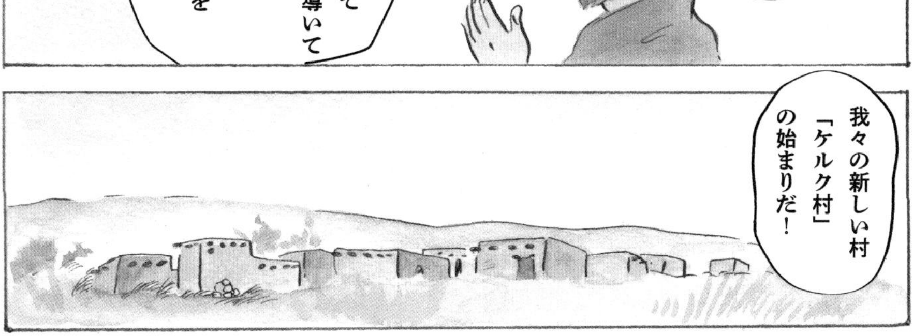
我々の新しい村「ケルク村」の始まりだ！

3-3. ルージ盆地と命名される

人々がケルク村を
造ってから半年以上が過ぎ、
盆地は初夏を迎えていた。
まだまだたくさんとれるわ！
とても食べきれない程だぞ。
ルージ。あなたのおかげよ。すごいわ！
うん。私もこんなに豊作になるとは考えてなかった…！
よそまで麦を探しに行かなくてもこれだけで十分じゃないか？
それどころか、いっぱい余っちゃいそうだよ！

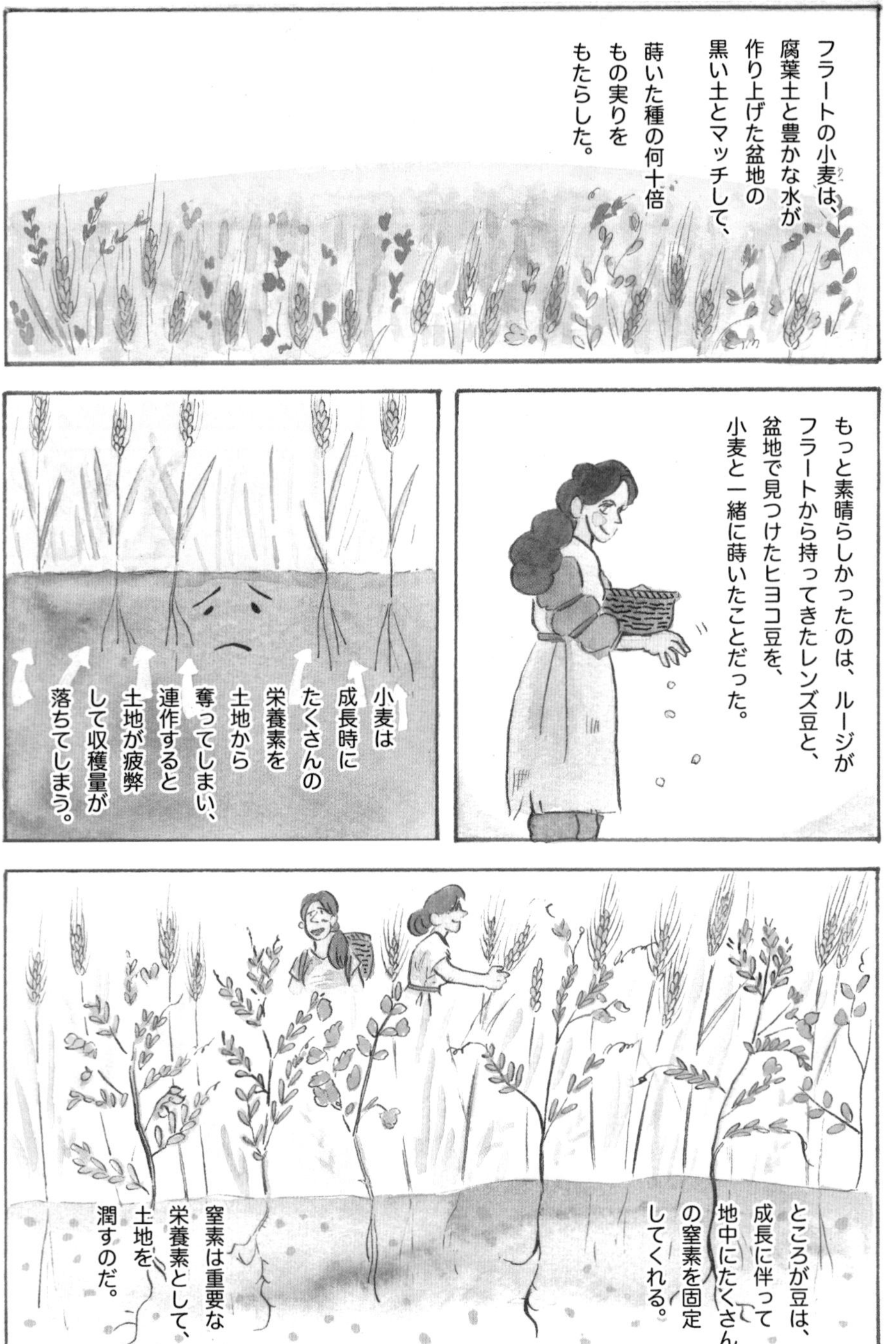
フラートの小麦は、
腐葉土と豊かな水が
作り上げた盆地の
黒い土とマッチして、
蒔いた種の何十倍
もの実りを
もたらした。
もっと素晴らしかったのは、ルージが
フラートから持ってきたレンズ豆と、
盆地で見つけたヒヨコ豆を、
小麦と一緒に蒔いたことだった。
小麦は
成長時に
たくさんの
栄養素を
土地から
奪ってしまい、
連作すると
土地が疲弊
して収穫量が
落ちてしまう。
ところが豆は、
成長に伴って
地中にたくさん
の窒素を固定
してくれる。
窒素は重要な
栄養素として、
土地を
潤すのだ。

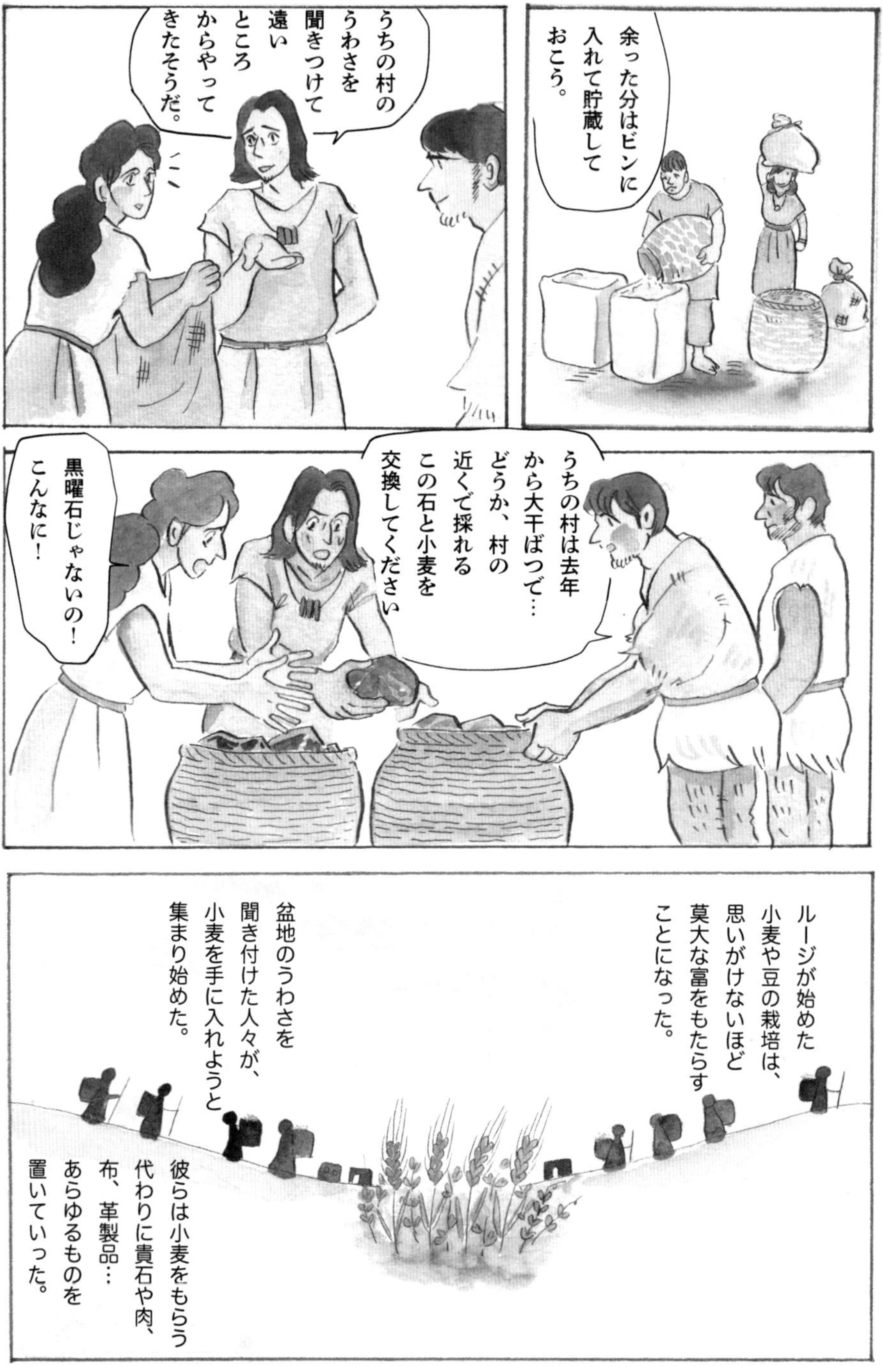
余った分はビンに入れて貯蔵しておこう。
うちの村のうわさを聞きつけて遠いところからやってきたそうだ。
うちの村は去年から大干ばつで…どうか、村の近くで採れるこの石と小麦を交換してください
黒曜石じゃないの！こんなに！
ルージが始めた小麦や豆の栽培は、思いがけないほど莫大な富をもたらすことになった。
盆地のうわさを聞き付けた人々が、小麦を手に入れようと集まり始めた。
彼らは小麦をもらう代わりに貴石や肉、布、革製品…あらゆるものを置いていった。

そして、中には自分も盆地で麦を育てたいとやって来る者もいた。
ええ、私たちは東からルージ盆地のうわさを聞いてやってきました。
どうか私たちを受け入れてもらえませんか？
まあ。「ルージ盆地」だなんて！それ、私の名前よ。
私の村では、みなここのことを、そう呼んでいますよ！
あなたが豊かな小麦畑を作り出した初めての方だと聞いています。
お会いしてみたかった！
いやだ！そんなおおげさな。
いいじゃないか、ルージ。実際に君がやり始めなきゃここまで豊かな村にはならなかったはずだ。
俺たちもここをルージ盆地と呼ぼう！
母さん、すごいなぁ。
それに、あなたたちにはうちの裏の土地をあげましょう。そこに家をたてるといい。
ありがとうございます！
後でいい所に連れて行ってやるよ！
いい所…？

うわーっ。川だ！川だ！
木がたくさん！
アーシ川だよ。どうだい、美しい川だろ！
えぇ。とっても！
ケルクの村人たちが、カータが言っていたアーシ川が村の西の山を越えると流れているのに気づいたのは、ケルク村に来てまもなくのことだった。
アーシ川は小さいが、一年中涸れることはない。ルージ盆地を取り囲む石灰岩の山々から沢山の水流が注ぎ込んでいるからである。
この先は僕らも行ったことがないんだ。
この川に沿ってもっと行ってみよう。
この日、サーマたちはアーシ川の水源のひとつアインザルカにたどり着く。

うわーっ!
信じられないくらいきれい!
はっ!
父さんほら、魚がいるよ。
何だよ、ぼーっとしてさ。
いや、あまりに美しくてな。ここが俺たちの土地か…。
フラートから長い長い旅を経て、自分たちがこの美しい土地に村を建てていることに、サーマは静かな興奮を覚えていた。

3-4.　水の大地を見る

リーマたちがやって来て20年も経たないうちに、ケルク村はフラートから持ち込まれた小麦のおかげでたいへん豊かな村になった。
人口はここに来た時の倍以上となり、数百人の規模になっていた。
サーマは老境を迎え、ある願いを抱くようになっていた。
おじいちゃん、また水の大地の話をしてよ。
やだ、ナミア！またその話を聞くつもりなの！おじいちゃんも困るわよ。
うるさいよ、お母さん！
いいんだよ。何度だって聞かせてやるぞ。
昔、フラートを発つ時に、カータ様が教えてくださった話だ。

ルージ盆地の西の山を越えると、別の谷があり、アーシ川が南から北に流れている。
それを越えるとさらに高い、冬には雪で覆われる山々が連なっている…。そして、
それを越えると、水が果てしなく延々と続く、「水の大地」があると言う。
また はじまった。
最近お義父さんたら、毎日この「水の大地」の話ばっかり！
全く、去年足を悪くしたばかりなのに！
水の大地に何て絶対に行かせないでよ、ダディア！
何だよ！母さんが自分で言えよ。俺じゃ手に負えないね。
あたしだって毎日言っているわ。
俺だって毎日言ってるさ！
うん、それで？それから？

ルージの心配にもかかわらず、サーマは既に水の大地を見に行くことを決意していた。
決めたんだ。俺は小麦の取入れが済んだら、出発するぞ。
お義父さん！
死ぬ前に一目でいいから水の大地を見てみたいんだよ。
ダディア、一緒に行ってくれるな？
でも父さん！俺だって見ては見たいが、母さんが…。
それなら、私がついて行きます。
ええっ！

だめだよ、母さんまで危険な目にあわせられない。父さん、早くあきらめてよ！
あなたがどうしても行くっていうなら、私も行きますから！
だめだよ、ルージ。
お前には麦の収穫やその後の作業をまとめる大切な役割があるだろう。
……
……ねえ、おじいちゃん。本当に行くの？
本当だよ。これはおじいちゃんの夢なんだ！ナミアはお土産話を待っていてくれよ。
ちがうよ！おじいちゃん。

僕も行きたいんだ。水の大地を見るのは僕の夢でもあるんだよ！
連れて行って！
ナミア…
サーマは、ナミアがどれ程「水の大地」に興味を持っているか知っていた。
出発の直前までルージは旅に反対したが、サーマは聞く耳を持たなかった。
そして、小麦の収穫が終わった数日後、サーマ、ダディア、ナミアそしてサーマの古い友人であるブジとハダは村を後にした。
あーあ…。本当に行っちゃったわ。ちゃんと戻ってきますように…。
ふん…

本体
1,300円
+税

注文伝票

書店（帖合）印

注文	冊
注文	年　月　日

悠書館
東京都文京区本郷二-三七-三-三〇三
電話〇三（三八一二）六五〇四

常木　晃［原作］　五十嵐あゆみ［作画］

まんがで読む
文明の起源　シリアの先史時代

本体 1,300円
+税

ISBN978-4-86582-041-6
C0022 ¥1300E
9784865820416

悠書館
東京都文京区本郷三－三七－三
電話〇三（三八一二）六五〇四

常木晃［原作］　五十嵐あゆみ［作画］

まんがで読む
文明の起源　シリアの先史時代

ISBN978-4-86582-041-6 C0022 ¥

書店名

売

一行はまず、ルージ盆地の西の山を越え、
小さなアーシ川を越え、
うあっ！
大丈夫かナミア！
全然大丈夫。
ほら、見てみろナミア。
あの高い山々の向こうに、水の大地はあるんだ。
これを越えなくちゃいけないぞ。
がんばるよ！
そこは、冬になると雪で覆われる高い山々だった。
山の下の方には松やカシの林
少し上ると糸杉の林

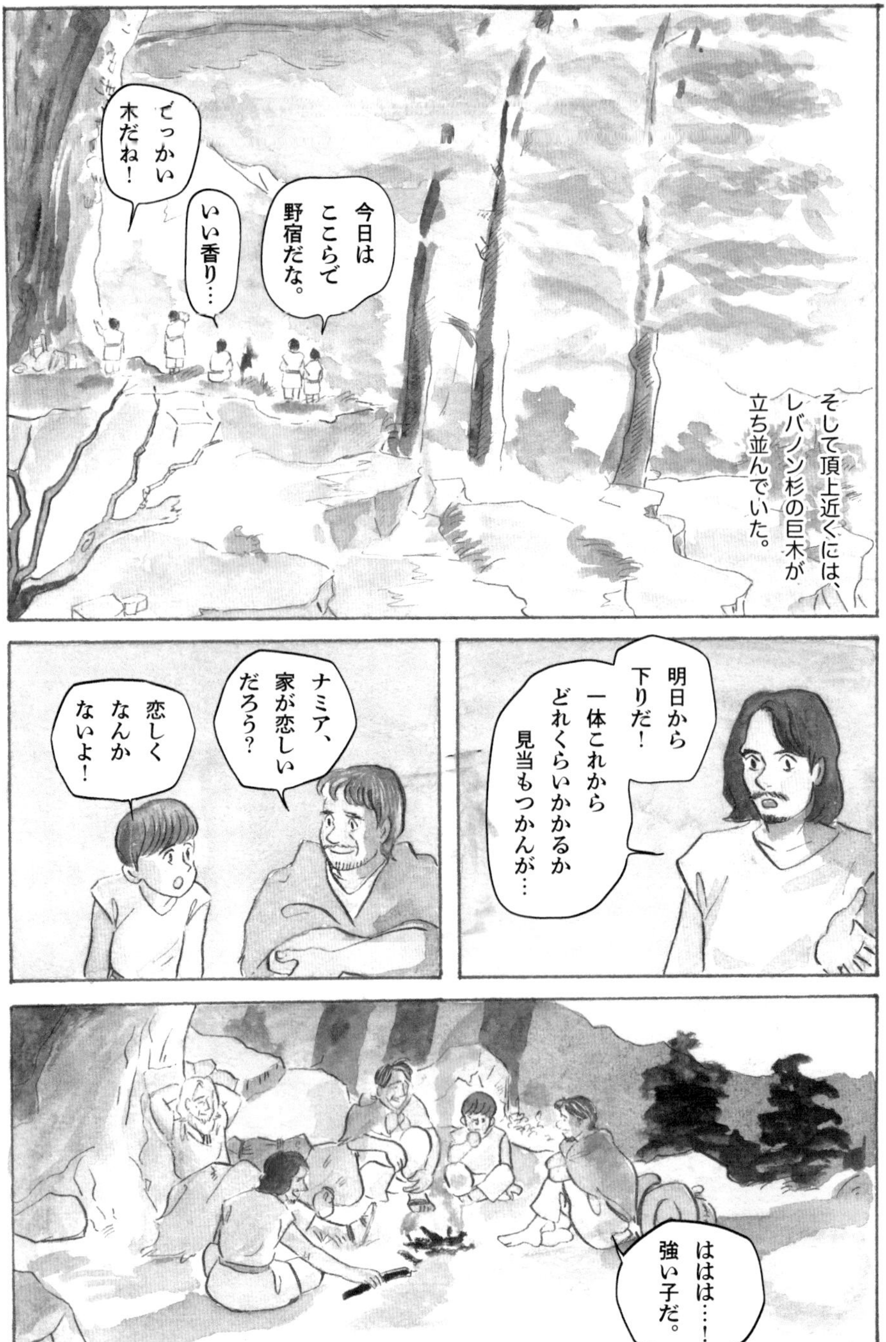
そして頂上近くには、レバノン杉の巨木が立ち並んでいた。
今日はここらで野宿だな。
いい香り…
でっかい木だね！
明日から下りだ！一体これからどれくらいかかるか見当もつかんが…
ナミア、家が恋しいだろう？
恋しくなんかないよ！
ははは…！強い子だ。

うっ！
どうした父さん？
いや…少し足をひねったようだ。
険しい道だもの、ゆっくり歩いたほうがいい。
ねぇ、みんな。川の音が聞こえるよ！
本当だ！谷底に川が！

川は西に向かって流れているようだね。
よし、これからはこの川に沿って川下へ歩いて行こう。
きっとこの川が水の大地まで導いてくれるかもしれん！
それから4日間、サーマたちは川が流れる谷に沿って歩き続けた。
おじいちゃん。もしかして…。

あれは…
水の大地!!

ひえっ！
うわあ―――っ!!
水！水！水しかない！おいしいのかな？
うあっ！塩辛い。
どこにも塩の塊は見えない。ただ、ただ、青い水の大地が広がっている！

お父さん
足もとに！
うわっ
なんだこりゃ
こっちには
見たことも
ない魚が！
ねぇ！
これは何？
いてっ！
ピリピリする。
毒があるかも
しれんぞ。
気をつけろナミア。
人の足跡だ！
近くに村が
あるはずだ！

あのう、こんにちは。
いやいや私たちは怪しいものでありません。
山の向こうから旅をしてきたのです…。
!
!
ダメか…

やれやれ、仕方ない…。
今日は村から少し離れたところに野宿しよう。明日、もう一度話しかけてみよう。
きれいな夕日だね。
母さんたちに見せたいもんだ。
おじいちゃん、何してるの?
パンを作ろうと思ってね…。
あの村の人たちに食べてもらおうと思ってな。
え!あの怖い人たちに?
向こうだって同じさ。俺たちを怖がっていたんだ。

次の日、サーマたちは焼いたパンをもって再び海辺の村を訪れた。
昨日は驚かせて申し訳なかった。我々は東からの旅人です。
この辺りのことを教えてもらいたくて、昨日は話しかけたのです。
これは我々の村の小麦で作ったパンというものです。我々からの贈り物です。ぜひ食べてみて下さい。
ふうん…。甘くて香ばしい。
君たちの村では不思議なものを食べるんだな。
こんなおいしいものがあるとは、あなたたちの村はさぞかし豊かなんでしょうね。
ええ。黒い土と豊かな森に囲まれた美しい村です！

パンをきっかけにして、次第に村人たちはサーマたちを受け入れるようになった。
サーマたちは村人に、水の大地や村での生活についてたくさん質問し
村人たちもまた、ルージ盆地の話や移住の話、フラートでのガゼル猟の話を熱心に聞いた。
私たちのごちそうは、バハルアビヤド（白い海）で採れる魚や貝です。
へえ、変わった味ですね。こんなの食べたことない！
「水の大地」は「バハルアビヤド」と呼ばれているのか…。
あなたの村には魚はいないの？
いるけど、こんなに大きい魚はいないな。
でも代わりに山羊や羊がいるよ！

この村に来て驚きました。
水の大地、バハルアビヤドと
その背後には山々が連なり…
この世のものとは思えぬ美しさだ。
ああ、アックラー山ですね。あそこは美しいだけでなく、恵みの山ですよ。
近くに行くとこんな美しい緑の石がたくさん落ちていて、私たちはこれで色々な道具を作ってます。
面白い話を聞かせてくれたお礼に、明日案内してあげますよ。緑の石を持ち帰るといい。
ありがとうございます！

サーマたちは男の案内で、アックラー山に近づいてみることにした。
へえっ、おもしろいな。
さっきまで白かった岩が緑色になってきた。
もう少し登れば、もっといい石がたくさんありますよ。
ここら辺の石が一番いいかも知れないね。
へぇー、この石は斧を作るのに向いていそうだあ。
美しい色だし、石板作りにもいいかもしれない。

サーマたちは緑の石をバスケットに詰めて持ち帰ることにした。
ザザー…ン
ああ、本当に美しい景色だ。ルージが見たら何て言うだろうね。
皆さんが私たちの村を気に入ってくれて本当にうれしい。
あなたもいつか、ケルク村に来てください。ここに負けない美しい村ですから。
ええ。いつかきっと仲間と一緒に行きますよ。

さあ、これでわしの夢は全て叶った。ケルク村に帰るぞ！
あー！ついに白い海ともお別れか！魚もうまかったけど、ケルク村の食べ物には叶わないね。
俺には母さんの作ったパンや羊の肉が恋しいよ…。
さあ、歩こう！
七日も歩けば、ルージ盆地に帰れるはずだ。

3-5. サーマ絶命す

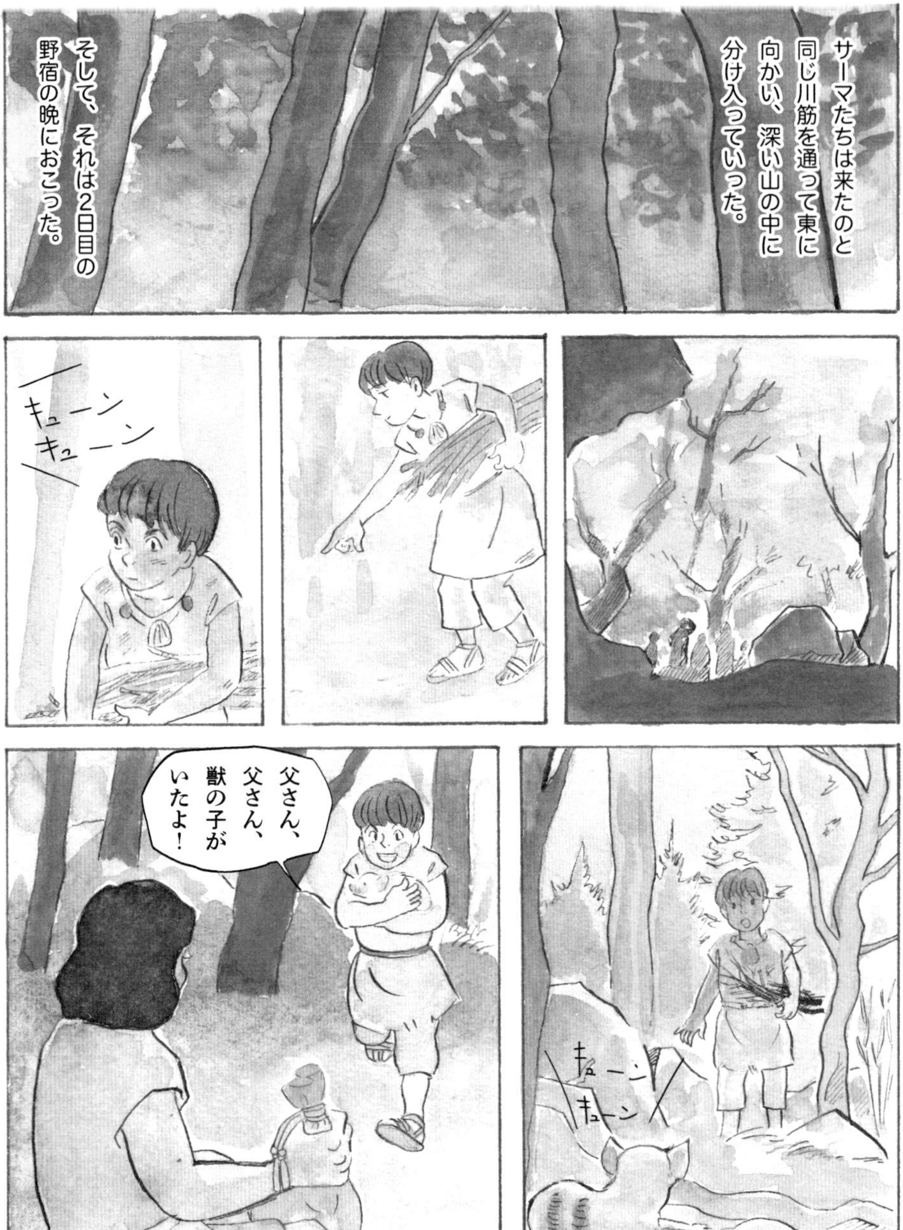
サーマたちは来たのと同じ川筋を通って東に向かい、深い山の中に分け入っていった。
そして、それは2日目の野宿の晩におこった。
キューーン
キューーン
キューーン
キューン
父さん、父さん、獣の子がいたよ!

本当だ。親とはぐれたんだな。
オオカミかハイエナか…。
ということは、親がここら辺を探し回っているかもしれない。
ナミア、元の場所に戻しなさい。
やだよ！もし親がこいつを見つけられなかったら？死んじゃうよ！！
ナミア、オオカミは危険な生き物だ。今は小さくても、大人になったら鋭い歯で動物を襲う。
村人を襲うようになるかもしれないんだぞ。
でも、おじいちゃん！この前おじさんが言ってたじゃないか！オオカミと人間が一緒に暮らしている村があるって。
その話だって本当かわからん。お前は、お前の母さんや兄弟がオオカミに噛まれてもいいっていうのか？

じゃ、おじいちゃんはこの子が死んじゃってもいいっていうのか！
絶対に村に連れて帰る！
サーマ、この辺りを見回って来たけどさ、特にオオカミもハイエナもいないようだ。
父さん、しばらく様子をみよう。ナミアだって少し一緒にいれば飽きるだろう。
さあ、食事にしよう！
んー。
やめろ、やめろくすぐったいよ。

ごめんよナミア。
さあ、森へ帰りなさい。

うっ！
クゥーーン

起きて！起きてよ！父さん！
あの子がいなくなっちゃったんだ！

夜のうちに森へ戻ったんじゃないのか?
そんな!
大騒ぎして…
なんだ、なんだ。
というか…父さんはどこだ!?
変だな。夜明け前に一度目が覚めたが、その時もいなかったぞ。
小便だと思ったんだが、こんなに戻ってこないのはおかしいな。
探そう。何かが起こったかもしれない。

父さん！
サーマ！
おーい、サーマ！
おじいちゃーん！
あ、おじい…

あーーーっ！
ナミアだ！
ナミア！？どうした！？
お、お、お…おじいちゃんが…

と…
父さん…父さん…
これはハイエナかオオカミかにやられたな！抵抗するひまもなかったんだろう…
川べりでハイエナらしき足跡を見つけた。しかし、何で一人で夜中にこんな森の奥に来たんだろう。
あの獣の子を森へ帰す為だ…。父さんはあれを村に持ち帰る気は無かった。俺があの時にナミアに、少しだけ一緒に過ごすことを許してしまったから…
うっ…

あの時僕が、あいつを連れて帰るなんて言わなければ…。
4人はサーマの体をきれいにし、寝袋に包んでキャンプまで運んだ。
さて、これからどうしようか…。
連れて帰りたいところだが…。
もちろん連れて帰らなきゃ！父さんはケルク村を造った偉大な人なんだぞ。
ダディア…そうは言ってもなぁ。

サーマの遺体をどう弔おうか、みんなは困っていた。村で死者が出ると、遺体は弔いの儀式を行った後に、家の床下や中庭に埋葬された。
そして数か月から数年を経て、一度墓から取り出し、白骨になっているかどうかを確かめる儀式が行われ、再び埋葬された。白骨化した骨は、死者がこの世を去って来世に無事たどり着いたことを知らせる重要な役割を果たしていた。骨を確認できなければ、死者の安寧は保証できないと考えられていたのだ。
サーマの骨は、必ず村に戻さねばならない。しかし、ここから村までまだ4～5日はかかるだろう。
だが、ダディア、お前の父親だ。どうするかは、お前が決めなさい。
わかったよ。このままじゃ連れて帰れない。
火葬して、連れて帰ろう。枯れ枝を集めて火をつけよう。

父さん！
うっ、うっ、うっ。
ケルク村建設の立役者だったサーマは、ここに55歳の生涯を終えた。

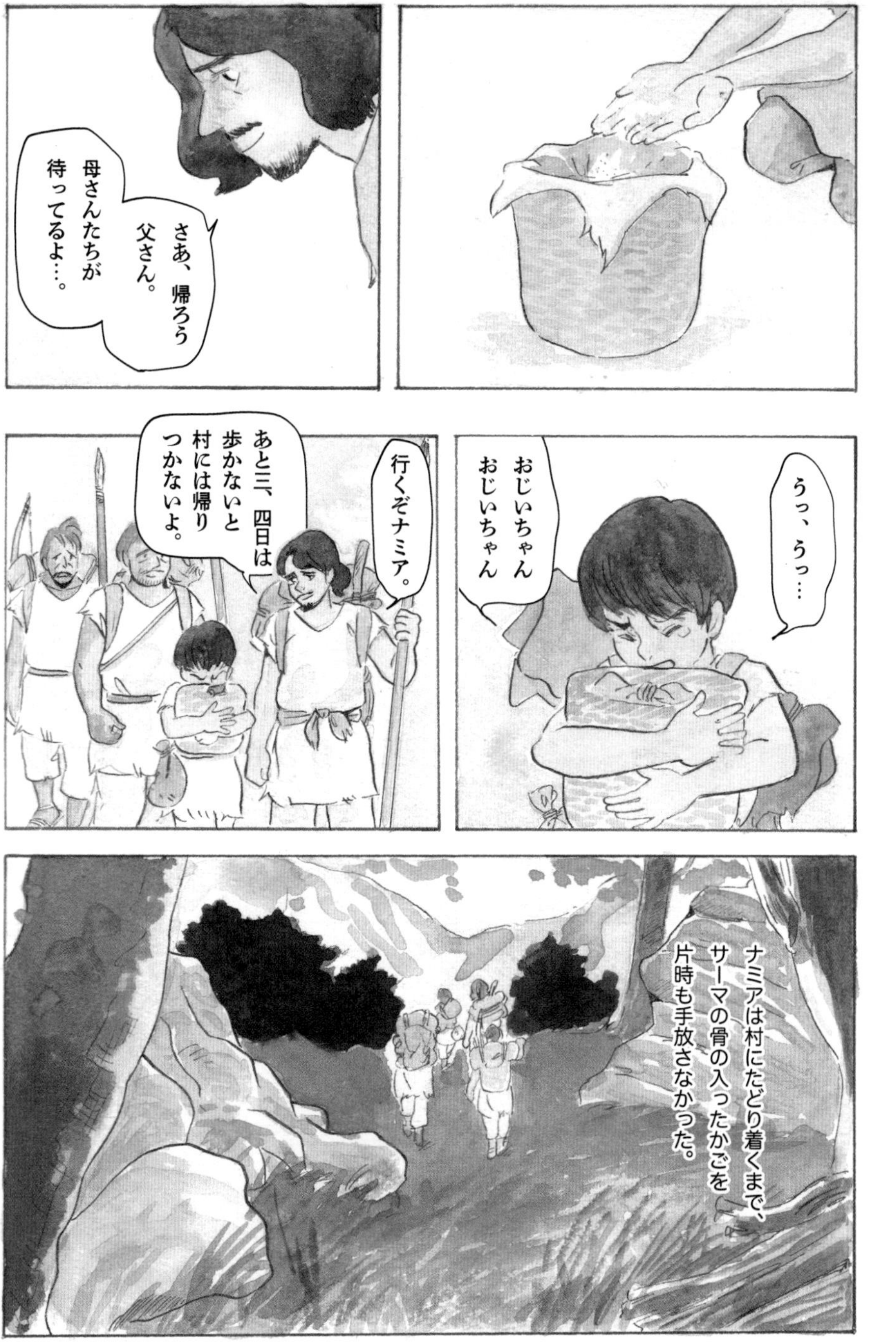
さあ、帰ろう父さん。
母さんたちが待ってるよ…。
うっ、うっ…
おじいちゃんおじいちゃん
行くぞナミア。
あと三、四日は歩かないと村には帰りつかないよ。
ナミアは村にたどり着くまで、サーマの骨の入ったかごを片時も手放さなかった。

彼らが遺骨とともに
ケルク村に戻った時、
ルージの嘆きはどれ程の
ものだっただろう。
村人の嘆きはどれ程の
ものだっただろう。
ああ、サーマ、サーマ…。
盛大な葬送の儀礼が
行われた後、サーマの
骨は、家の中庭に綺麗に
そろえて埋葬された。

おじいちゃん…
もう泣くなナミア。
おじいちゃんは偉大な人だった。それを今度はお前が、お前の子供たち孫たちに伝えて行けばいい。
そうすればきっと、ここに住む人たちは、彼のことをずっとずっと忘れないだろう…。

3-6. 土器の発明

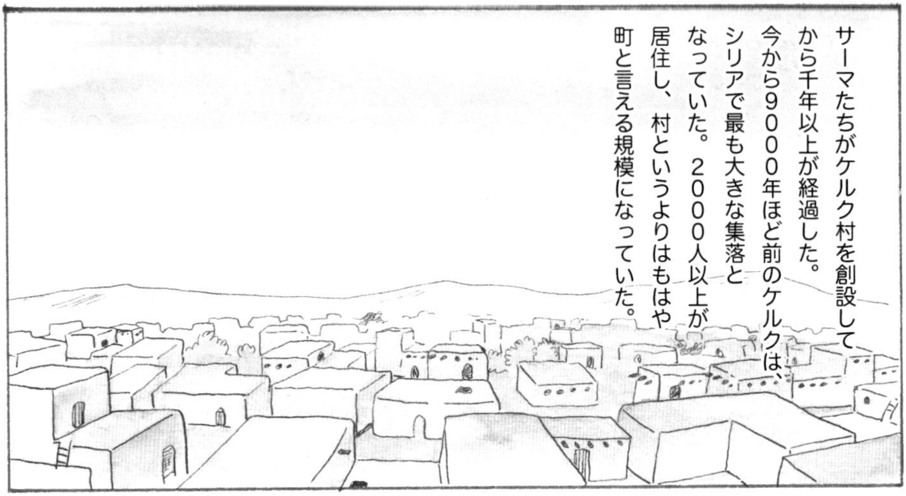
サーマたちがケルク村を創設して
から千年以上が経過した。
今から9000年ほど前のケルクは、
シリアで最も大きな集落と
なっていた。2000人以上が
居住し、村というよりはもはや
町と言える規模になっていた。

ケルクの町の人々は
農業や牧畜を基本的な
生業としていた。

しかしそうした仕事
ばかりではなく、
他人の家を建てたり、
服を作ったり、
農具や刃物、製粉具
などの道具類を石器で
作ったり、
遠くから石材や木材を
運んできたり…
様々な職業が
生まれてきていた。

そんなケルクの町に、
サーマとルージの
はるかな子孫である、
ラーマとその妻アヤが
暮らしていた。
ラーマは石の加工が得意で、
町の人々からの注文を受けて
石器や石のビーズを作り、
小麦などの農作物と交換
していた。
アヤは姑と一緒に
粘土製の甕を
作っていた。
この時代、
豊かな農作物を
保管するために、
粘土製の甕がよく
利用されていた。

お姉ちゃん、私のペンダント返して！
あっ！
二人とも、ここで走り回らないで！
ごめんなさーい！
しかし、代々受け継がれている土の器には欠点があった。それは脆くてすぐに割れてしまうこと…。そして水に弱いことだった。
あ〜あ、また雨でぐちゃぐちゃ。しまい忘れていたわ。
どうにかしてもっと丈夫で長持ちする器が作れないものかしら。水にも強ければもっといろいろなことに使えそうなのに…。

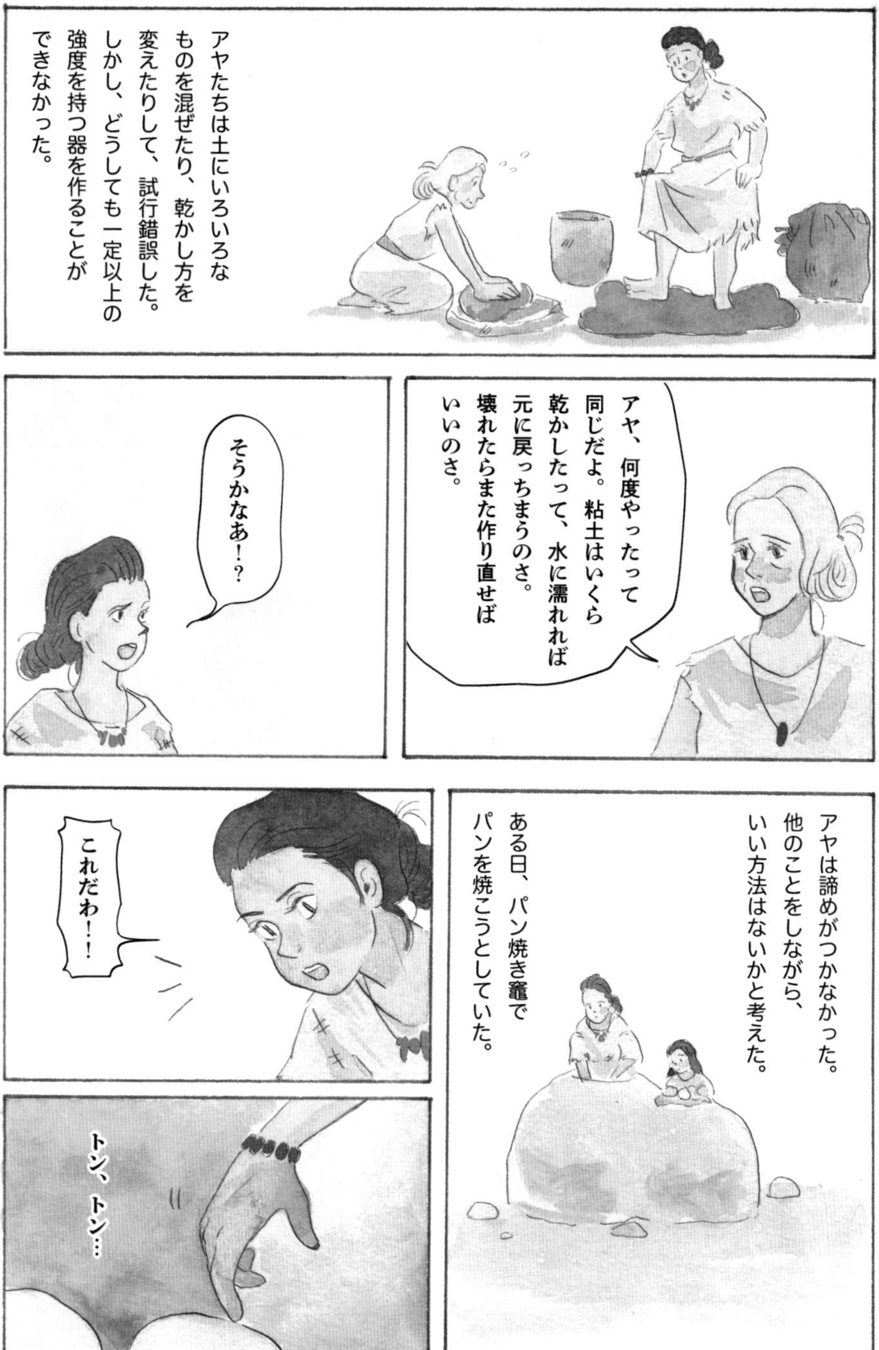
アヤたちは土にいろいろなものを混ぜたり、乾かし方を変えたりして、試行錯誤した。しかし、どうしても一定以上の強度を持つ器を作ることができなかった。
アヤ、何度やったって同じだよ。粘土はいくら乾かしたって、水に濡れれば元に戻っちまうのさ。壊れたらまた作り直せばいいのさ。
そうかなあ!?
アヤは諦めがつかなかった。他のことをしながら、いい方法はないかと考えた。
ある日、パン焼き竈でパンを焼こうとしていた。
これだわ!!
トン、トン…

粘土で作ったパン焼き竈の内側は使っているうちに固くなるわ。
それは火のせいよ！
それに…そういえば…
石灰だって焼かないと使えないわ。
アヤは火を使えば、粘土を固く丈夫に変えることができるかもしれないと考えたのだ。
このころすでに、消石灰を作る技術は発達していた。
現代と同じように、家の壁や床をプラスターで覆ったり、プラスターの容器が作られたりしていた。

手始めにアヤは小さい鉢を作り火にくべてみることにした。
よく考えてみれば、パンだって、お肉だってそうじゃない。みんな熱せられて固くなるよ。きっと粘土だって同じはず。
どのくらい焼けばいいのかしら…。
そろそろ冷えたかな…
ほらね！固くなってる！
でも、まだ水は漏れてきちゃうわね。

完璧に水漏れがなくなったら、水の持ち運びにも便利なのに。
それなら、石のビーズ作りと同じように磨いてみたら?
なるほどね…
そこで、アヤは今度は器を石でピカピカに磨いてみた。
今度はうまく焼けるかしら。
できた! 水漏れもなくなったみたいだし、見た目もすごく美しいわ。
こうして土器は生み出された。さて、土器は何に使えるのだろうか。

もちろん水を入れておけるから革袋の代わりになるし…
そのまま火に掛ければお湯ができる!
おおー!
熱した小石を入れてお湯を作るより、簡単にたくさんお湯が沸かせるわ。
それまで人々は、石やプラスターで作った容器に熱した石を入れてお湯を沸かしていた。
それに、こんな使い方はどう? お湯の中にお肉や豆、野菜、塩を入れれば…
あったかくてすごく美味しいよ!!
新しい料理よ!
おいしいわ!
水の持ち運びに煮物やスープづくり。それに穀物などの貯蔵…。食器にも。土器はいろいろなことに使えそうだった。

美しくて実用的なアヤの作った土器は、すぐにケルクの町中に広まった。
どう、私の土器は？
壊れにくくて水を入れても崩れないんだって！
そいつはすごいな。
アヤさんに作り方を教えてもらいに行こう！
そうね。私も行くわ！
アヤのところには、うわさを聞いた女たちがたくさん集まってきた。女たちは熱心に土器作りを習得していった。
その後、粘土を焼いて土器を作る技術は、ケルクの町中に、シリア中に、そして西アジア中に、あっという間に広まっていった。

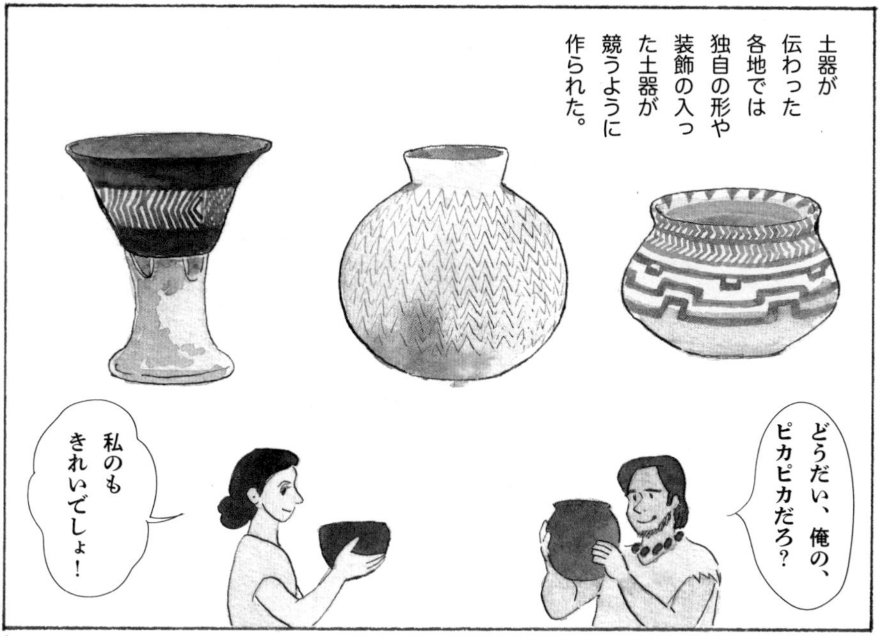
土器が伝わった各地では独自の形や装飾の入った土器が競うように作られた。
どうだい、俺の、ピカピカだろ?
私のもきれいでしょ!

土器は調理だけでなく食器や貯蔵容器としても、それまでの木製容器や石製容器に代わっていった。

土器の発明は人々の生活を大きく変えていったのである。

3-7. 人工青色ビーズの発明

アヤが土器作りに熱中する一方、アヤの夫、ラーマの仕事も忙しかった。というのも、ラーマの石の加工技術は相当な腕だったからである。
久しぶりだな、ラーマ。この石を見てくれ。
これはきれいなクジャク石だなぁ！
北から来た旅人から手に入れたんだ。
これで俺の妻に首飾りを作ってくれないか？
えーっ。またか！この間別のを作ってやったじゃないか！十分だろう？
あんな夫婦に負けるわけにいかないの！
隣の家の嫁さんがいつも首飾りや服を見せびらかしに来るんだよ。

よろしく頼むよ、ラーマ！
このころ、自分に合った仕事をうまくこなし、他の人より豊かな生活を送る人々が生まれ始めていた。
彼らは、より豪華な食事をしたり、みんながうらやむような恰好をしたり、美しい婿や嫁を迎えたりしたのである。
人々は美しい装身具を作ってもらう代わりに、小麦や豆、羊や山羊をラーマに渡した。時には珍しい遠方の貴石などを持って来る者もいた。
これは珍しい紅玉髄だ！
ナイフを作ってくれたお礼さ。
あなたがラーマさん？
私たち、クミナス村から来たのだが…
人々は、遠いところからも、装飾品を求めてやってきた。

へぇ、そんな遠い所から！
君の評判はうちの村でも聞いてるよ。
ぜひ君にトルコ石のペンダントを作ってほしくてやってきたんだ。
とびっきり大きくて美しいのを10個ほど、頼むよ。
トルコ石だって?!　そんな貴重な石は、もうほとんど残ってないよ。
様々な石の中で、特に人々を魅了してやまないのはトルコ石の青だった。
不思議な青い色のトルコ石は、シリアでは産出しない。
遠く現在のイランの北東部や、シナイ半島の先端まで行かないと、手に入らなかった。

そのため、この青い石はますます貴重品となっていた。
はるばるやって来たんだぞ。
私の畑の麦をあるだけ渡すと言っても作ってくれないのか？
そ、そんなこと言われても！！
はぁ、困ったぞ。頼まれるのはうれしいけれど、石がなければ作れない！最近じゃみんなトルコ石に取りつかれたみたいに騒ぎ立てているし。
はぁ…このチャートがトルコ石に代わればいいのに…。
何言ってるの？スープが冷えるわよ。
ラーマは考えた。
身近な材料で、なんとかトルコ石もしくはトルコ石にみえるものを作り出せないものだろうか？

ねぇ、ラーマさんいるんでしょ！
わたしのペンダント、まだ出来ていないの!?
げー！また催促に来た！
ちょっと裏に隠れていよう。
アヤたちはまた土器を作ってるのか…。
メラメラ！
そうだ…。アヤが火には、焼くと別の物に変える不思議な力があると言っていたな。

よし、俺も試してみよう。
アヤが土器を作り出したように！俺は石と火を使ってトルコ石を作って見せようじゃないか！
ラーマは、別の青い石を使って、トルコ石の青色を再現できないかと考えた。
トルコ石の色になるかな。
粉にして水を加え…泥状にして焼き固めてみよう。
固まったけど色が違うなあ！
磨いてみたら似るのかな。それとも青い石の粉をもっと増やした方がいい？
ラーマは何度も何度も失敗を繰り返した。

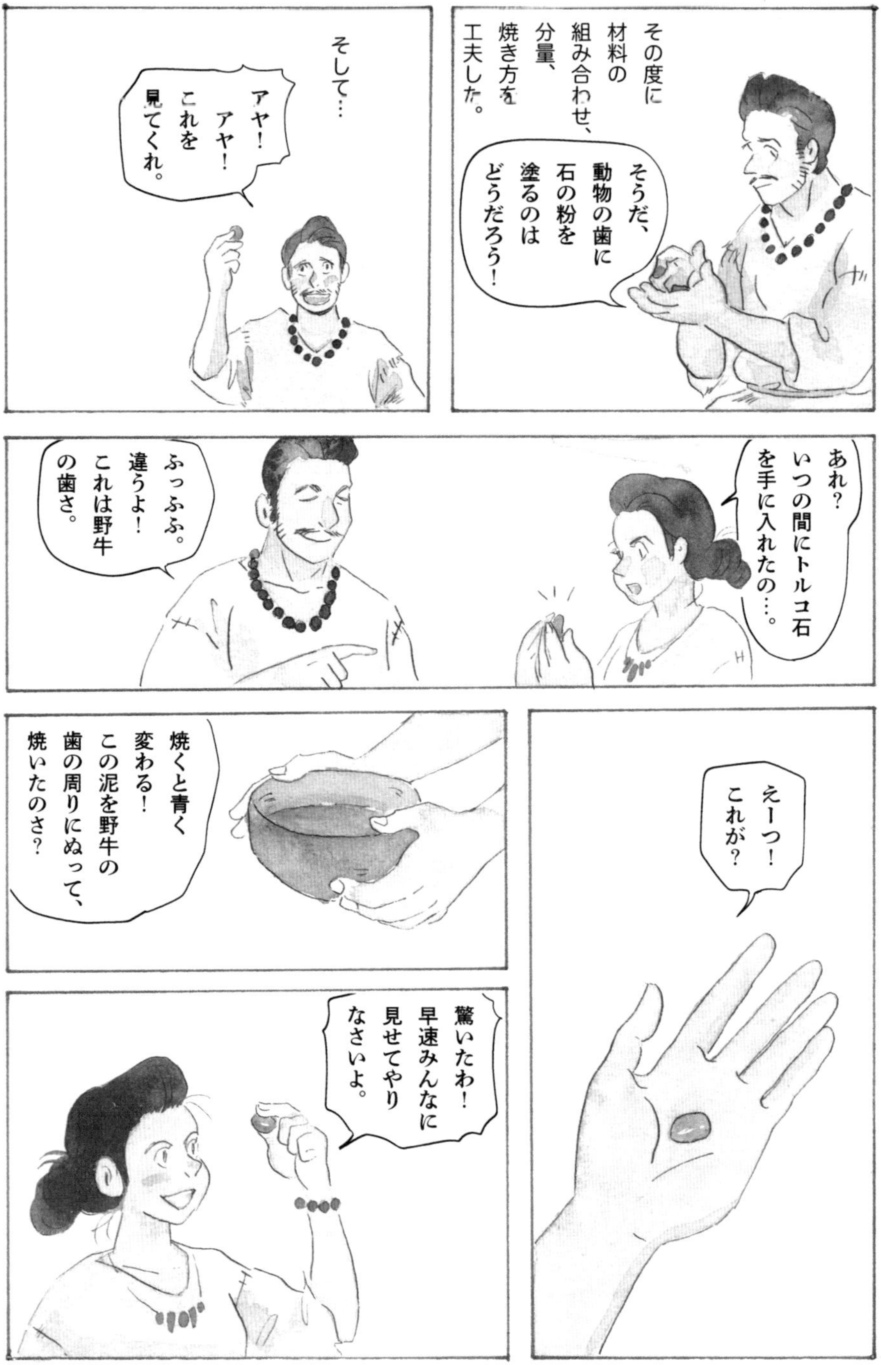
その度に材料の組み合わせ、分量、焼き方を工夫した。
そうだ、動物の歯に石の粉を塗るのはどうだろう！
そして…
アヤ！アヤ！これを見てくれ。
あれ？いつの間にトルコ石を手に入れたの…。
ふっふふ。違うよ！これは野牛の歯さ。
えーっ！これが？
焼くと青く変わる！この泥を野牛の歯の周りにぬって、焼いたのさ？
驚いたわ！早速みんなに見せてやりなさいよ。

へぇ、これが動物の歯なの？
本物のトルコ石にしか見えないよ！
どうやって作ったんだ！まるで魔術だ…
作り方を知っているのは私だけです。動物の歯を持ってきて下されば、すぐにでも作って差し上げますよ。
私、イヤリング！
俺にはペンダントを！
私は指輪にして！
ラーマの作った人工青色ビーズは大変な評判となり、彼の元にはビーズを求めて人々が殺到した。
こうしてラーマたちの元には莫大な富が蓄積されていった。

3-8. 封泥システムの開発と文字の原型

シリアで土器が発明されたのと同じ紀元前7千年頃、土器の発明と同様に、いやそれ以上に重要な発明が、ケルクの町など北シリアで起こっていた。

この頃、ラーマのような才覚のある人々のところには、より豊かさが集中し貧富の差も現れはじめていた。

ルージ盆地の豊かな集落の富を狙って、ケルクの町にも盗人が現れていた。

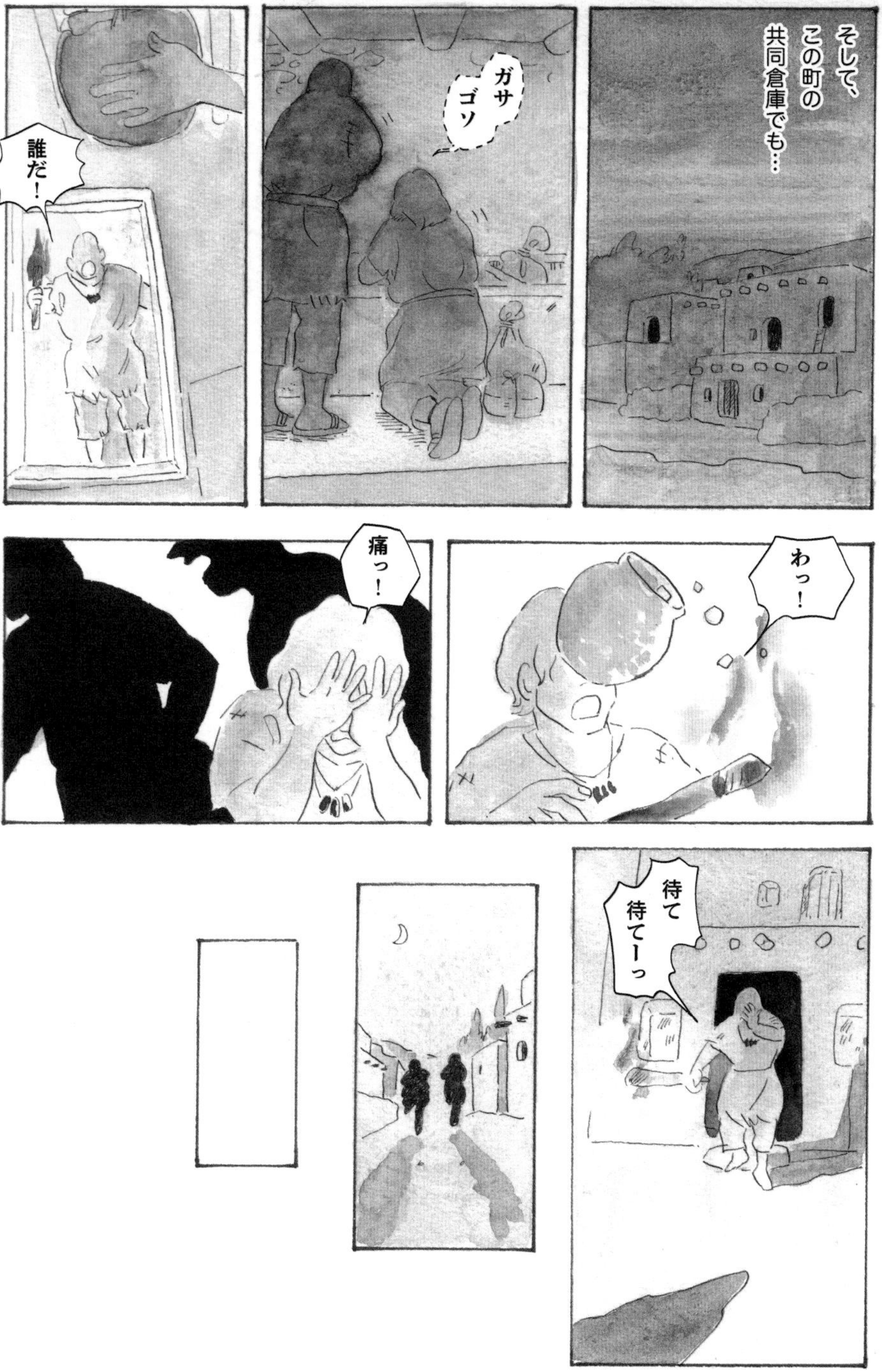
そして、この町の共同倉庫でも…
ガサゴソ
誰だ！
わっ！
痛っ！
待て待てーっ

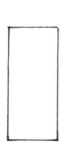

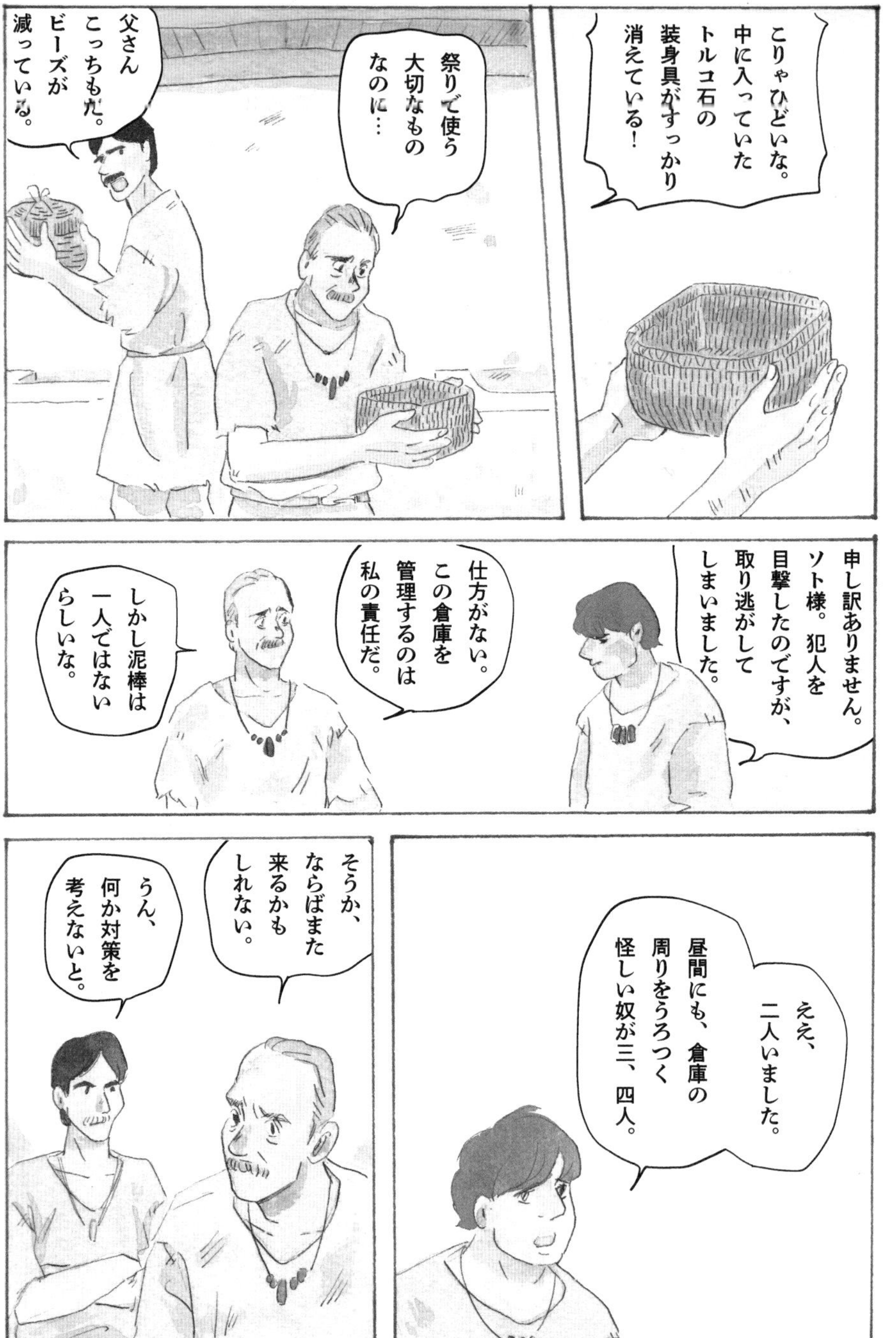

こりゃひどいな。中に入っていたトルコ石の装身具がすっかり消えている！
祭りで使う大切なものなのに…
父さんこっちもだ。ビーズが減っている。
申し訳ありません。ソト様。犯人を目撃したのですが、取り逃がしてしまいました。
仕方がない。この倉庫を管理するのは私の責任だ。
しかし泥棒は一人ではないらしいな。
ええ、二人いました。昼間にも、倉庫の周りをうろつく怪しい奴が三、四人。
そうか、ならばまた来るかもしれない。
うん、何か対策を考えないと。

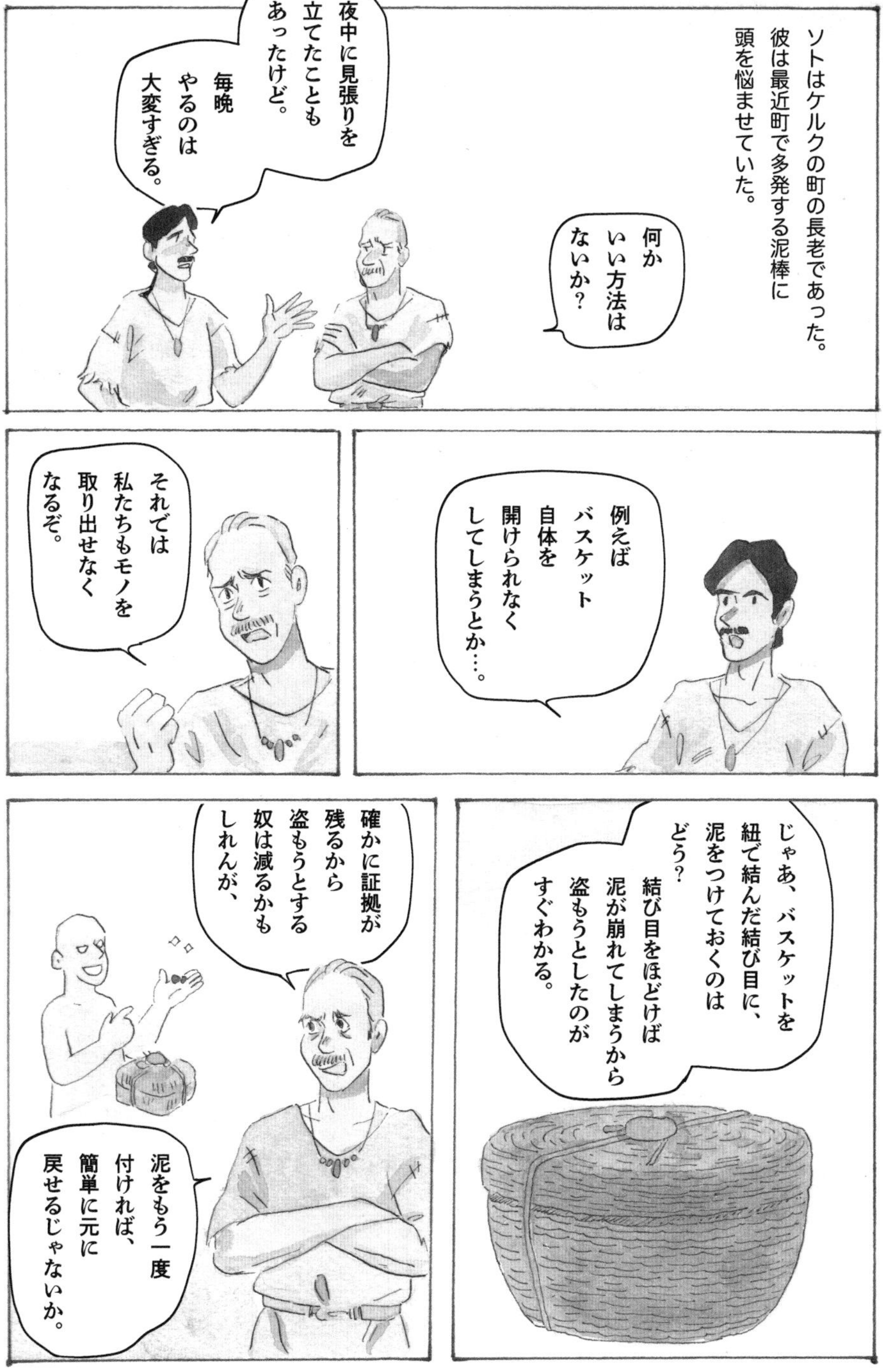

ソトはケルクの町の長老であった。彼は最近町で多発する泥棒に頭を悩ませていた。
何かいい方法はないか？
夜中に見張りを立てたこともあったけど。毎晩やるのは大変すぎる。
例えばバスケット自体を開けられなくしてしまうとか…。
それでは私たちもモノを取り出せなくなるぞ。
じゃあ、バスケットを紐で結んだ結び目に、泥をつけておくのはどう？ 結び目をほどけば泥が崩れてしまうから盗もうとしたのがすぐわかる。
確かに証拠が残るから盗もうとする奴は減るかもしれんが、
泥をもう一度付ければ、簡単に元に戻せるじゃないか。

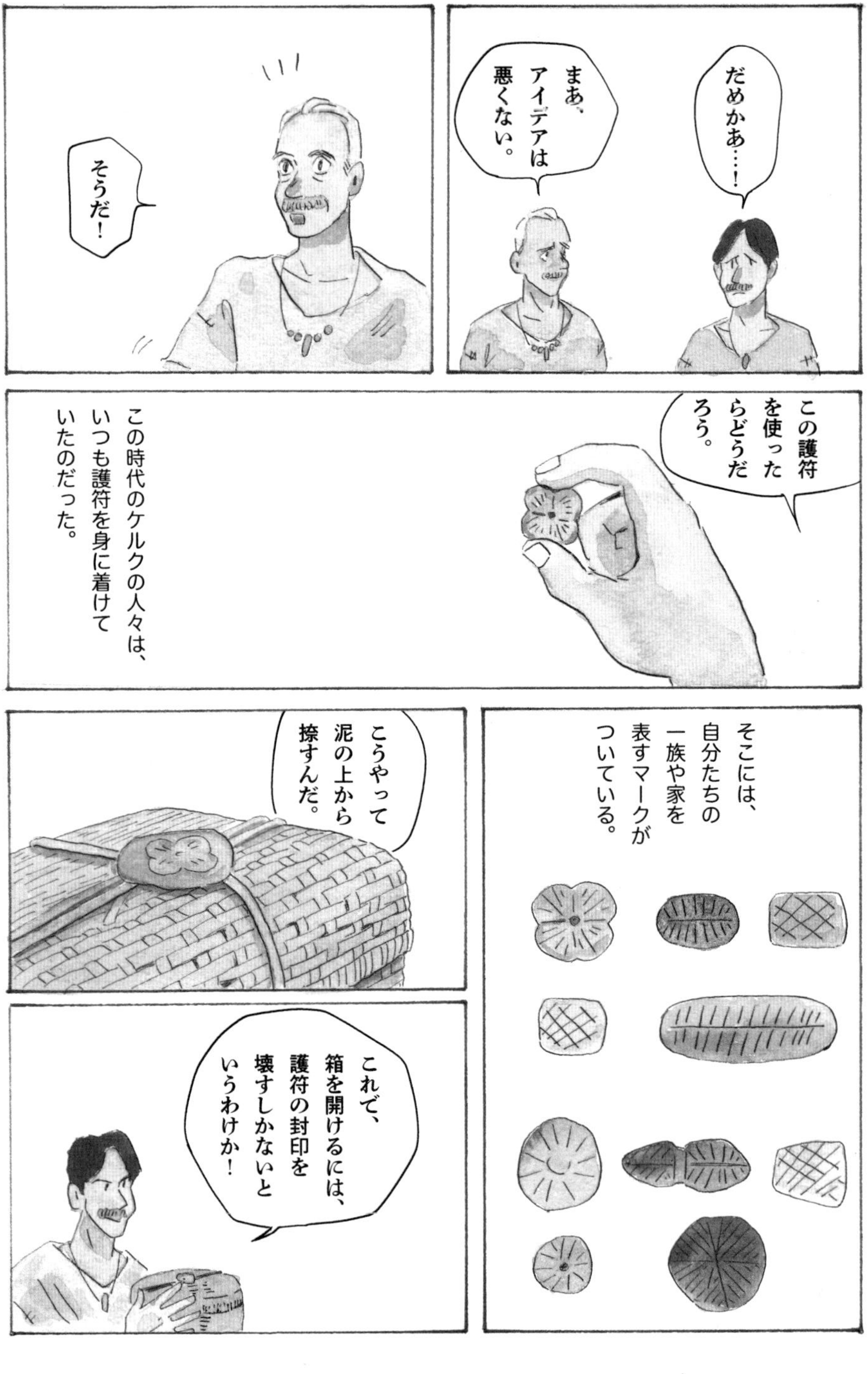
だめかあ…！
まあ、アイデアは悪くない。
そうだ！
この護符を使ったらどうだろう。
この時代のケルクの人々は、いつも護符を身に着けていたのだった。
そこには、自分たちの一族や家を表すマークがついている。
こうやって泥の上から捺すんだ。
これで、箱を開けるには、護符の封印を壊すしかないというわけか！

そうだよ。開けた箱を再び封印できるのは護符を持っている私だけだ。
なるほど！

それに、ご先祖様から伝わった護符が捺された封泥を壊すなんて、この町の人間には恐れ多くてとてもできないよね。
護符に刻まれたマークはそれぞれの家を表すとともに、それ自体がマジカルな力を持っていると考えられていた。ケルクの社会では、護符が捺された封泥を壊すことは、大きなタブーを侵すことになるのだ。

さっそく二人は、共同倉庫に収められたバスケットにも護符で封印をした。
封印したバスケットは、みんなが見える入り口においておこう。
バスケットをいじっている奴がいたら、すぐに見つけられるように。

これでよし!
こうしたソトの工夫により、これ以降、倉庫の品物が盗まれる事件はなくなった。
この護符を使った封印の方法は、他の集落にも広まった。
いい考え!
他人に触れられたくない大事なものを保管する時、この方法は大いに役立ったのだ。
護符に孔をあけて首飾りやベルト飾りにする人も出てきた。
こうすれば、いつも護符を身につけていられるし、簡単に印を捺すこともできた。

このように、大切なものの封印に用いる護符を印章という。
印章は、貴重な石や骨、粘土などで作られ、様々な形と文様を持っていた。
印章は、モノを守るだけでなく、人を守るという意味も持っていた。
人々はいつも印章を身に着け、お守りとしても、モノの封印にも使ったのである。
ソトさん、ソトさん！
探していたんですよ。祭りの準備のためにバスケットの中にあるトルコ石のビーズの数を確かめたいのだが…。
そうか、わしの印章が必要なのか。

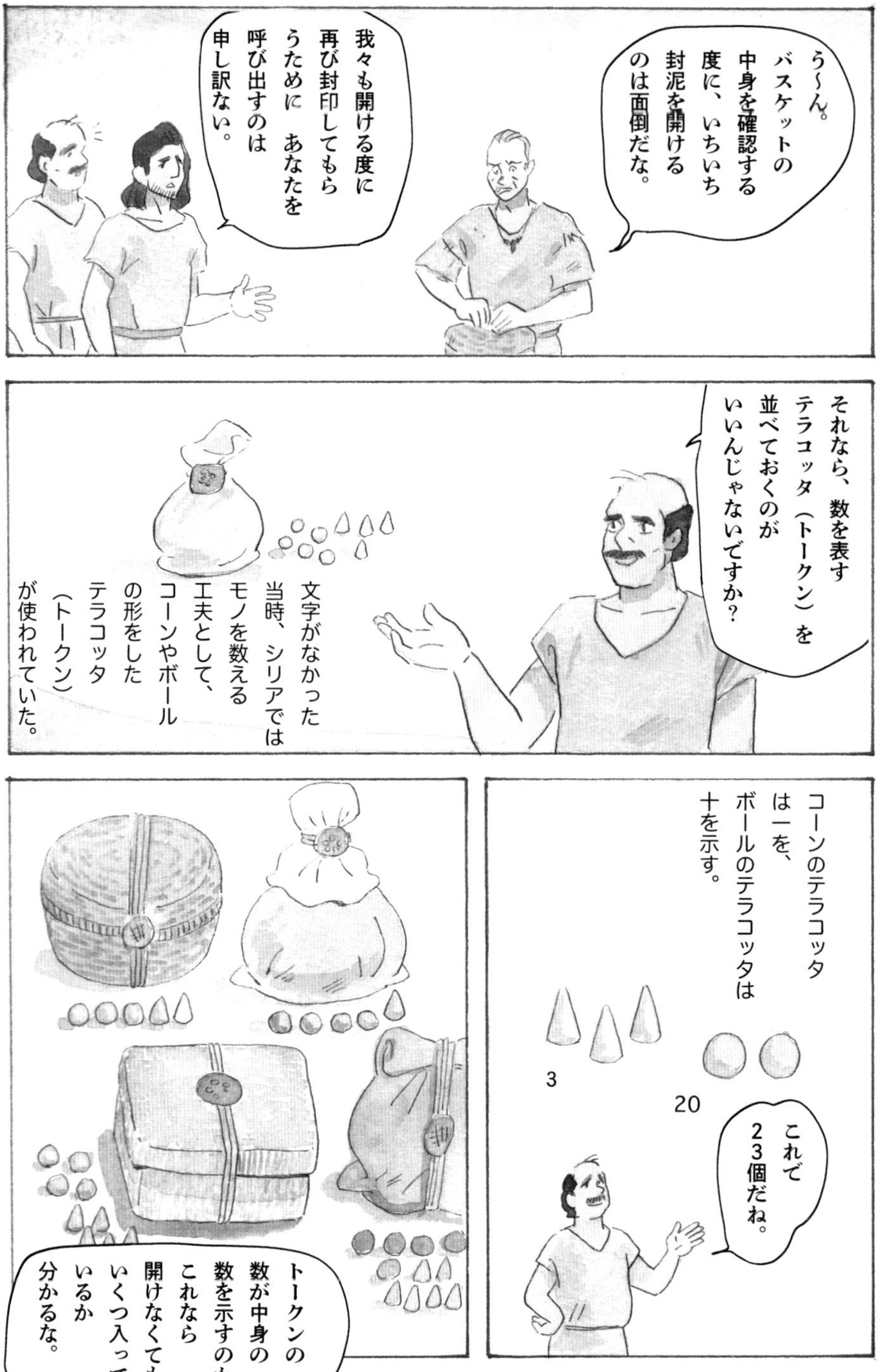
う〜ん。バスケットの中身を確認する度に、いちいち封泥を開けるのは面倒だな。
我々も開ける度に再び封印してもらうために あなたを呼び出すのは申し訳ない。
それなら、数を表すテラコッタ（トークン）を並べておくのがいいんじゃないですか？
文字がなかった当時、シリアではモノを数える工夫として、コーンやボールの形をしたテラコッタ（トークン）が使われていた。
コーンのテラコッタは一を、ボールのテラコッタは十を示す。
3
20
これで23個だね。
トークンの数が中身の数を示すのか。これなら開けなくてもいくつ入っているか分かるな。

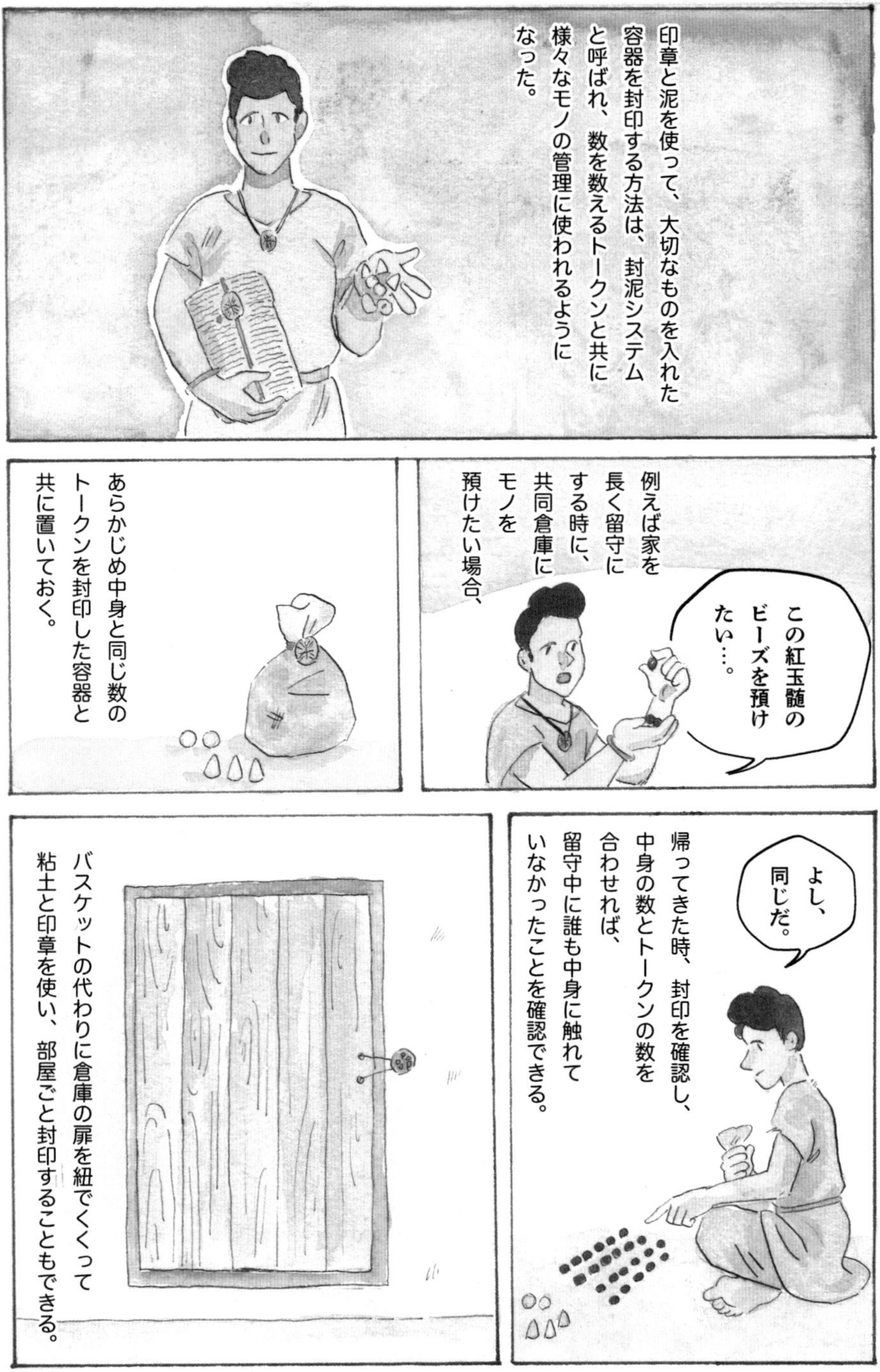
印章と泥を使って、大切なものを入れた容器を封印する方法は、封泥システムと呼ばれ、数を数えるトークンと共に様々なモノの管理に使われるようになった。
例えば家を長く留守にする時に、共同倉庫にモノを預けたい場合、
この紅玉髄のビーズを預けたい…。
あらかじめ中身と同じ数のトークンを封印した容器と共に置いておく。
よし、同じだ。
帰ってきた時、封印を確認し、中身の数とトークンの数を合わせれば、留守中に誰も中身に触れていなかったことを確認できる。
バスケットの代わりに倉庫の扉を紐でくくって粘土と印章を使い、部屋ごと封印することもできる。

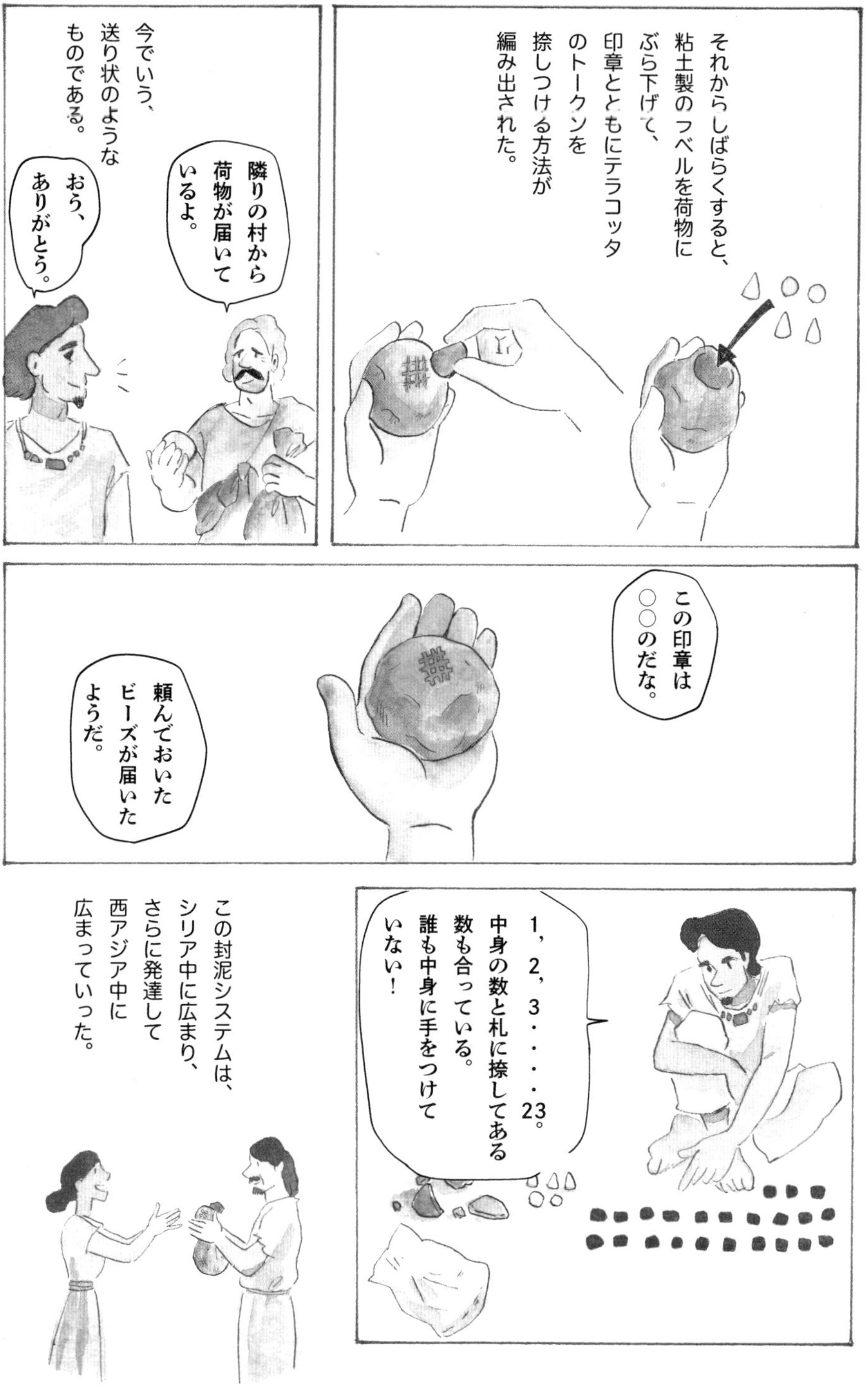
それからしばらくすると、
粘土製のラベルを荷物に
ぶら下げて、
印章とともにテラコッタ
のトークンを
捺しつける方法が
編み出された。
今でいう、
送り状のような
ものである。
隣りの村から
荷物が届いて
いるよ。
おう、
ありがとう。
この印章は
○○のだな。
頼んでおいた
ビーズが届いた
ようだ。
1，2，3・・・・23。
中身の数と札に捺してある
数も合っている。
誰も中身に手をつけて
いない！
この封泥システムは、
シリア中に広まり、
さらに発達して
西アジア中に
広まっていった。

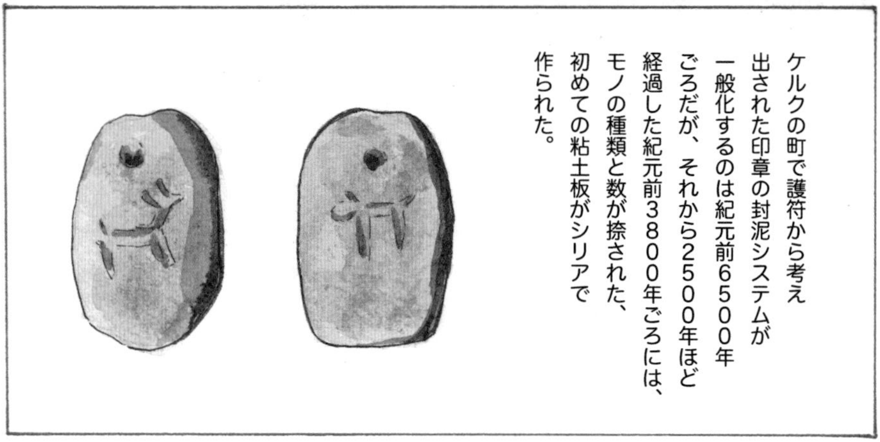
ケルクの町で護符から考え
出された印章の封泥システムが
一般化するのは紀元前6500年
ごろだが、それから2500年ほど
経過した紀元前3800年ごろには、
モノの種類と数が捺された、
初めての粘土板がシリアで
作られた。

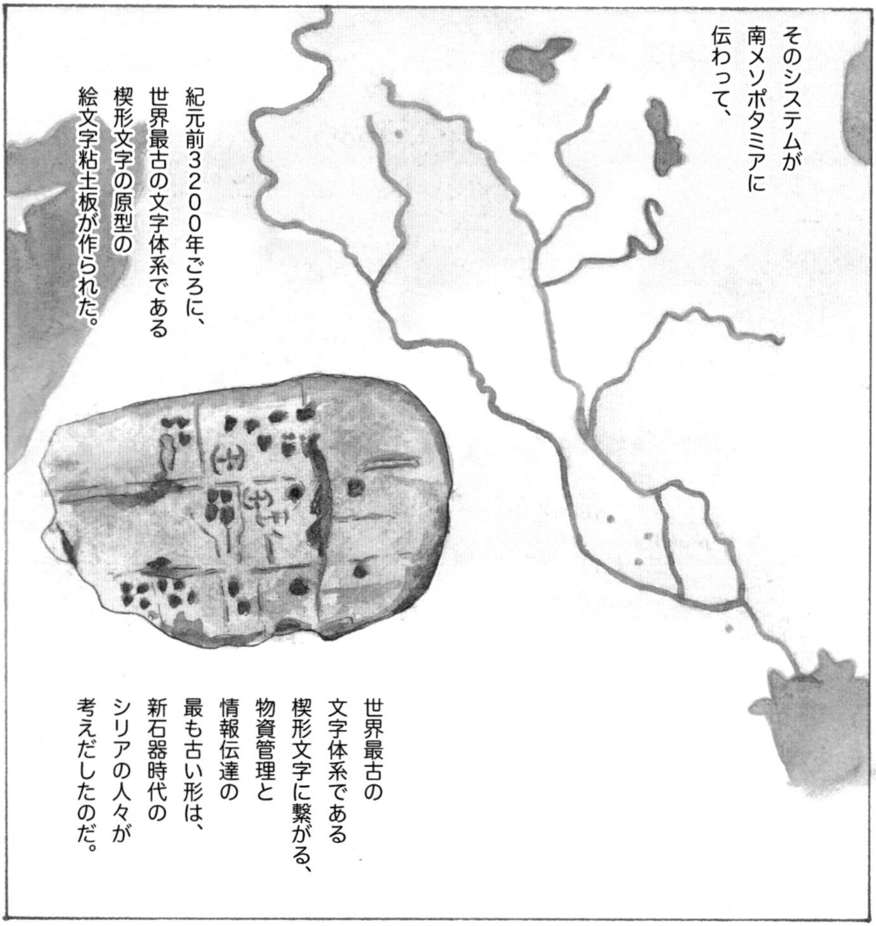
そのシステムが
南メソポタミアに
伝わって、
紀元前3200年ごろに、
世界最古の文字体系である
楔形文字の原型の
絵文字粘土板が作られた。
世界最古の
文字体系である
楔形文字に繋がる、
物資管理と
情報伝達の
最も古い形は、
新石器時代の
シリアの人々が
考えだしたのだ。

第４章　都市を創りだす

4-1. ズィアデ村からナガルへ

さて、フラート河中流域が
大旱ばつに襲われた時、
ジャルフエルアフマル村の
人々は西に向かったが、
その隣人であった
ムレイビット村の
人々は、東に
向かった。

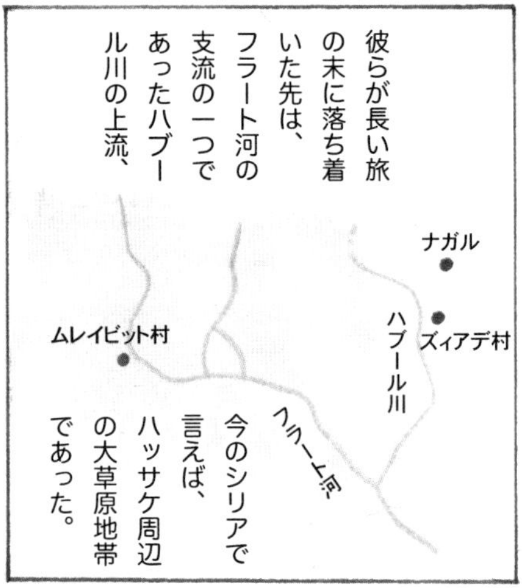
彼らが長い旅
の末に落ち着
いた先は、
フラート河の
支流の一つで
あったハブー
ル川の上流、
今のシリアで
言えば、
ハッサケ周辺
の大草原地帯
であった。
ナガル
ズィアデ村
ハブール川
ムレイビット村
フラート河

この一帯ではいくつもの川が
ハブール川に流れ込み、
小麦や大麦を実らせるための
天水も十分に得られた。
そのため
シリア各地から人々が集まり、
多くの村が営まれていた。

それから数千年後には、
ハッサケ周辺は
西アジアでも有数の
農村地帯となっていた。

今から6000年ほど前に
この農村地帯の中には、
数千人が暮らすような
大きな町が登場する。
ナガルはそのような
町の一つで、ハブール川
流域で最も繁栄していた。
そして、
ハブール川
沿いの村のひとつ
ズィアデ村には…
ニマルさん
どうですか？
この器！
うん、美しく
焼けているね。
これは売れる
だろう！

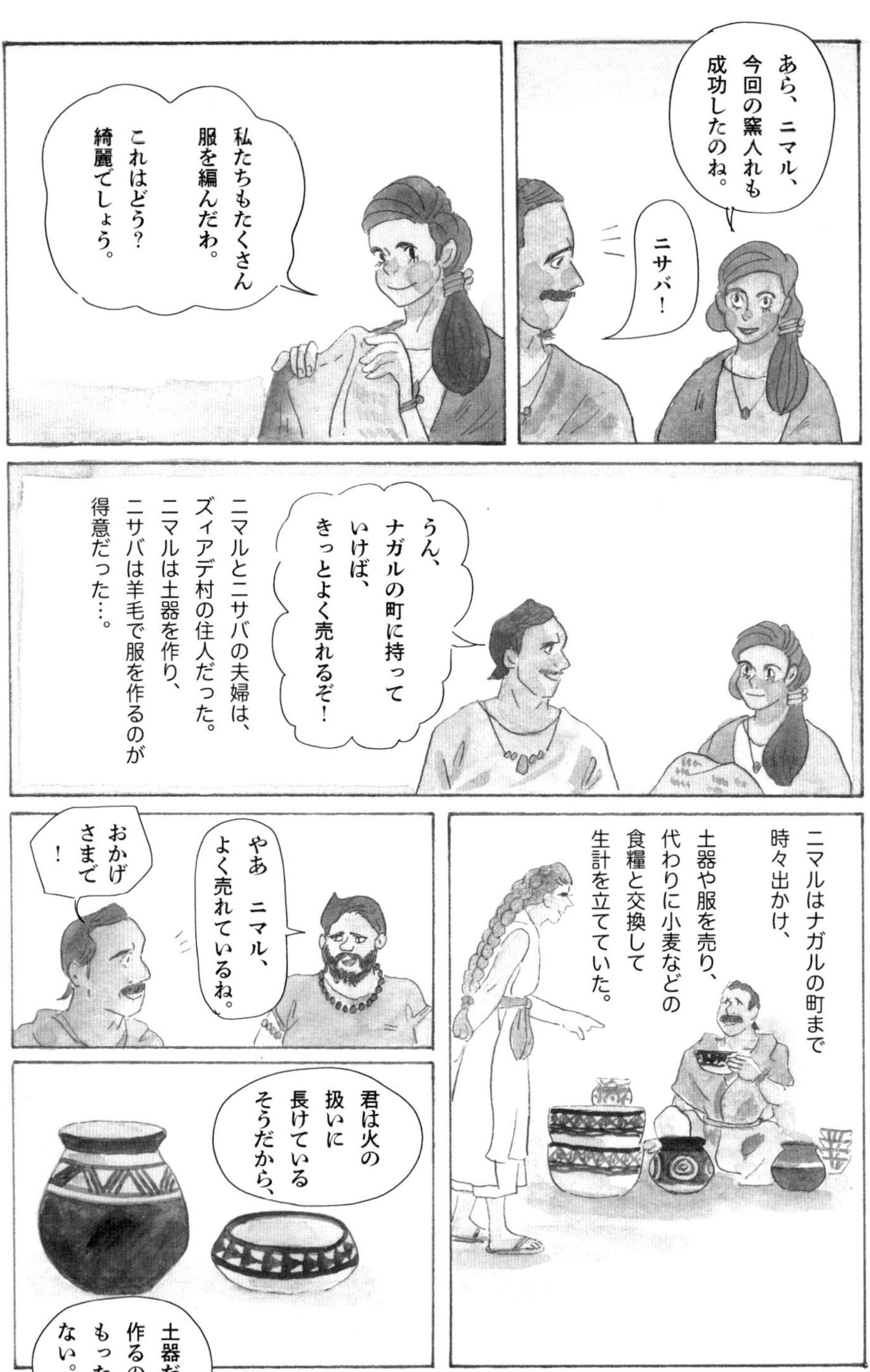

あら、ニマル、今回の窯入れも成功したのね。
ニサバ！
私たちもたくさん服を編んだわ。
これはどう？綺麗でしょう。
うん、ナガルの町に持っていけば、きっとよく売れるぞ！
ニマルとニサバの夫婦は、ズィアデ村の住人だった。ニマルは土器を作り、ニサバは羊毛で服を作るのが得意だった…。
ニマルは時々ナガルの町まで出かけ、土器や服を売り、代わりに小麦などの食糧と交換して生計を立てていた。
やあ ニマル、よく売れているね。
おかげさまで！
君は火の扱いに長けているそうだから、
土器だけ作るのはもったいない。

金属冶金を覚えて農具を作ればいいじゃないか。
なるほど、おもしろいかもしれないな。
こうしてニマルは冶金技術を覚えて、金属冶金も行うようになった。
工場は大きくなり、たくさんの職人たちが彼のもとで働くようになった。
このころ村では、町との交流が進むにつれて、貧富の差が広がってきていた。
ニマルとニサバの家族は豊かなグループに属していた…
俺もここで働かせてくれ！
それどころか、土器や農具づくりの成功によって、ニマルは町の有力者になりあがっていた。
ニマルさん、また注文です！
工場の評判は噂になって広まったが…。

そうした噂は、悪事をたくらむ者にも伝わっていたのである。
ある日のこと――
お母さん！お母さん！大変よ！
ルマスがいなくなっちゃったの。ちょっと目を離したすきに！
何ですって！
あれほど気をつけてと言ったのに！
ごめんなさい ごめんなさい
ニサバ！叱る前にルマスを探そう。
ルマス――！
ルマス、どこだ！
あやまって川にでも落ちたか、人さらいか
ああ、どうしたらいいの…
夫婦は必死になって息子を探したが、手がかりは何もなかった…。

一方、ナガルの町外れ
こら、暴れるな！
あうあう…
親方、連れてきました。今ごろ、両親は血まなこで探しているはずですぜ。
よくやった。実行の日まで閉じ込めておけ！
だが傷つけるなよ。大切な人質だ。
本当にやるんで？あの子供を使ってニマルの工場ごと奪うと…。
そうだ。あいつと工場を手に入れ、奴と奴の弟子たちに大量の武器を作らせるんだ。
うまくいけば、すごい儲けになるぞ。
いてえっ！
ドン！

赤ん坊が!!
つっ立ってないで追いかけろ! 大通りの方だ!
この間抜けめ!
どうしたのよこの子!
またいつもの悪党どもだよ。何かこそこそやっているから覗いてみたら…

気づいたら体が勝手に動いて連れてきてしまったよ。
あぶぅ…
良かった…あなたもこの子も無事で。
ルマスを助け出したのは、ナガルの町外れに住む若い夫婦だった。
しかしね…この子はどこから来たんだろう。
まだ自分の名前も言えないみたいだし。
きっと、ナガルの町のいい家からさらわれたのよ。
ほら、きれいな服着てるもの。
夫婦は次の日から町中を回り、この子供の親を探した。しかしナガルの町には、この子供を知るものはいなかった。
だめだ。手がかりひとつない。
仕方ない。俺たちの所に来るか…。
そして夫婦はついに子供に新しい名を与え、自分たちで育てることに決めた。

そして数年が経った。ニマルとニサバは、ずっと息子を捜し続けていたが、手掛かりは全くなかった。
今年もだめだった……
あきらめちゃ駄目だよ。ニサバ！
きゃーっ！
さらにある時、ニサバと娘が誘拐されかける事件まで起こったのだ。
もうここは元の穏やかな村ではない。息子だけでなくお前たちまで…
もうここには居られない。村を出てナガルの町にひっこそう。
私は賛成よ！
でも工場はどうするつもり？
職人たちはついてきてくれるそうだよ。新しい工場を建ててやり直そう。
そう…。…だけど、村の人たちはどういうかしら…

ニサバの心配どおり、ニマルが冶金工場ごとナガルの町に引っ越すことを告げると、村の有力者であるニマルが出て行ってしまうことに、みな一様に反対した。
なんだって⁉
私たちを見捨てて逃げる気か？
私はそんなつもりじゃ……
では、いっそ、私たちもニマルについて引っ越したらどう？
それがいい。
この村も暮らしにくくなったし。
みんなで新しい暮らしを始めようじゃないか!!
こうしてズィアデ村の人々は、村ごとナガルの町に引っ越すことを決めてしまったのだった。
しかし…
ナガルに新しく家を建てることは許さん。

ナガルの町の長老たちはニマルたちを受け入れてくれなかった。
どうしてですか！
ナガルの町はナガルの人々のものである。お前たちを受け入れるわけにはいかない。
全く頭の固いがんこジジイたちめ！
どうしましょう、ニマルさん。
仕方がない。ナガルの町から少し離れた所に村を建てよう。
ナガルの町が見えるわ。
工場を建てるには、むしろこっちの方がいいかもしれない。煙が迷惑になることもないしね。

こうしてニマルたちは、ナガル郊外に造った新しいズィアデ村を拠点に冶金や土器の生産を続けた。
ナガルが近くて助かるわ!
全くだな。
ナガルの町の人々は新しい村の人々とは最初距離をおいていたが…
何だあいつら、こんな近くに勝手に村を造りはじめて…
でもあの人たちが作る農具はとても使いやすいんだよ。
土器も美しくて素敵よ。
じゃ、俺もひとつ試してみようかな。
いらっしゃい!
交流を深めるに従って、ズィアデ村の人々を受け入れていったのだ。

4-2. 若者を立て、城壁を造り、町を守る

ニマルたちがナガルのそばに引っ越してから何年にもわたって、ハブール川流域では無法者や盗賊たちが村々を襲う事件が頻発していた。
農業が大規模になっていくとともに、村々が非常に豊かになっていったことに無法者たちが目をつけたからだった。

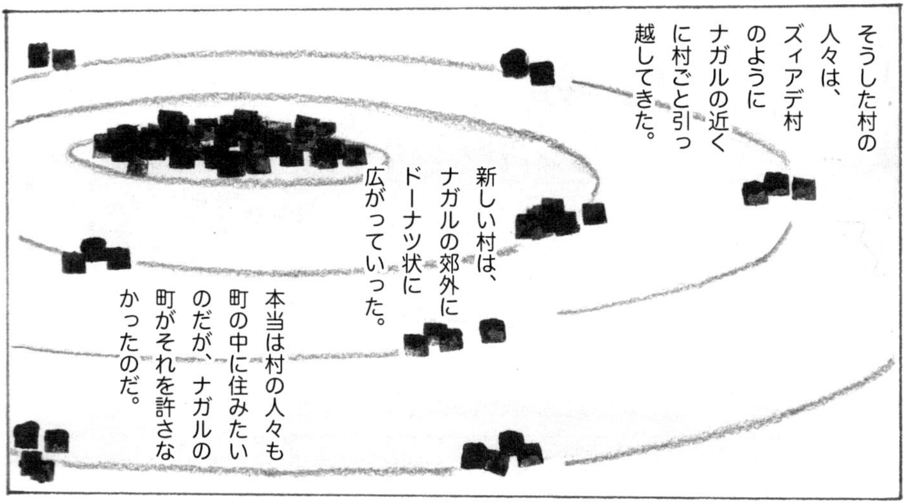
そうした村の人々は、ズィアデ村のようにナガルの近くに村ごと引っ越してきた。
新しい村は、ナガルの郊外にドーナツ状に広がっていった。
本当は村の人々も町の中に住みたいのだが、ナガルの町がそれを許さなかったのだ。

ナガルの町には、古くから長老の集まり（長老会）があり、町で行われる市の開催や事件の処理などに当たっていた。
市はいつ開く？
今年の祭りは…
この事件の犯人をどう処罰する？

新参者が町に住みたいと訴えれば、長老会が彼らを査定し…
どうか我々をナガルの町に住まわせてください。
ふむ、ふむ…
だめだ！人数が多すぎる。
多くの場合それは拒否された。あまりに多くの者が町に入って来ると、治安が悪くなるというのがその理由だった。
そんなある日、ナガル郊外の北部に造られたマジュンナ村で大きな悲劇が起こった。
ニマル！ニサバ！聞いたかね！マジュンナ村で大変なことが起こったらしいぞ！
無法者の集団が村を襲い、男たちは殺され、女や子供たちは誘拐されてしまったそうだ。
そんなことが……

この事件を聞いた長老会は震え上がった。今度は自分たちが襲われるかもしれない。
もし奴らがこのナガルの町に来たら…
何だと…。
大変だ！
こわいわ！
ナガルの町ももう安全ではない。
長老！
我々はどうすればいいのでしょうか？
落ち着け！皆の者。私たちが必ず何とかする！
長老会は、町の中央に、古くからナガルで信仰されてきた「眼の神像」を祀るための「眼の神殿」を建てた。
彼らは毎日のように町の安寧を祈り続けるばかりであった。
そんな折に、マジュンナ村と同様の悲劇が繰り返され…

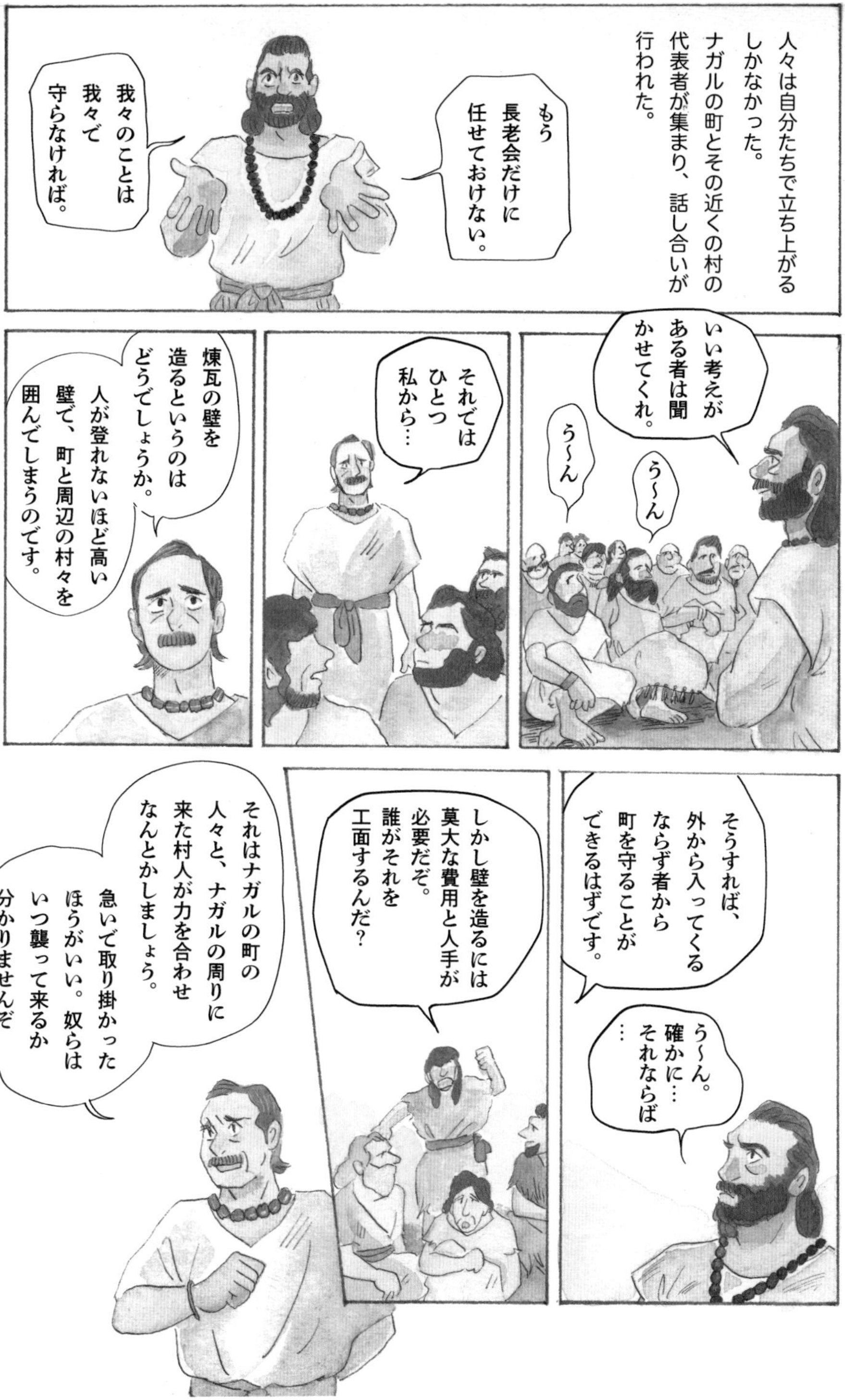
人々は自分たちで立ち上がるしかなかった。ナガルの町とその近くの村の代表者が集まり、話し合いが行われた。
もう長老会だけに任せておけない。
我々のことは我々で守らなければ。
いい考えがある者は聞かせてくれ。
う～ん
う～ん
それではひとつ私から…
煉瓦の壁を造るというのはどうでしょうか。
人が登れないほど高い壁で、町と周辺の村々を囲んでしまうのです。
そうすれば、外から入ってくるならず者から町を守ることができるはずです。
う～ん。確かに…それならば…
しかし壁を造るには莫大な費用と人手が必要だぞ。誰がそれを工面するんだ?
それはナガルの町の人々と、ナガルの周りに来た村人が力を合わせなんとかしましょう。
急いで取り掛かったほうがいい。奴らはいつ襲って来るか分かりませんぞ

こうして
ナガルの町と
周囲の村を
守る周壁が
建造される
ことに
なったが！
ナガルの長老たちは相変わらず
眼の神殿で祈りを捧げるだけの
日々を送っていた。
そのような折に、
ナガルの一人の
若者が立ち上がった。
最近町が、どんよりと静まり返っているな。
それなのに長老会ときたら毎日神殿に籠るばかり。
実際には何も手を打とうとしない。
仕方ないでしょ、旦那…
しかし、最近町を囲う壁を造ることになったそうですよ。それがあればナガルは安全になるんですって。
壁？
ふ～ん…
何だか不満そうだな。

だって、考えてごらんよ。壁の中はいいが、外は相変わらず危険なままだよ。
それは…。
それに、壁を造るにはナガルの人だけでは人手が足りない。これじゃ壁が完成するのに何年もかかるよ！
私に言われても！
そうだな、ならば直接言いに行こう。
お気をつけて！
ルーガルの屋敷
ルーガル様、ルーガル様。
ダババか。
ナガルの町を壁で囲うそうですね。
そうだ。壁で囲えば町は安全だよ。
そのことで考えがあって来たのです。
ナガルの町とその近隣の村を囲うだけでは、ハブール川流域から引っ越してきたたくさんの村人たちを救えませんよ。

しかしだね…そんなに大きな壁を造るのは無理というものだ。ただでさえ、人手が足りないのだよ。
分かっています…。ですからナガルの町の周りの村を全部取り込んで、彼らの力を借りて壁を造るのです。
彼らを町に受け入れるのか？
そうです！そうすることが肝心です。
彼らに、ナガルの市民として権利と義務を与えるのです。
彼らと力を合わせれば、すぐに立派な壁が立つでしょう。
ダババと呼ばれるこの若者は非常に利発であった。
皆さんはこれからナガルの市民です。みんなで力を合わせて町を守る壁と軍隊をつくりましょう。

我々もナガルの町に住めるんだね！
もちろん！
こうしてダババの考えに賛同したナガルの町と周りの村々の人々は、食糧や武器、人手を出し合って、力を合わせ壁と軍隊をつくることになった。
これまでのナガルの町の範囲をはるかに超えた巨大な範囲を、数メートルの高さの壁で囲む。
町の入り口には厚い銅の門を設け、
城壁と門は、軍隊に守らせた。
順調に進んでいるな…。お前にこの仕事を任せて正解だったよ！
あっ、ルーガル様。
ええ、子供のころから父に連れられて様々な場所を旅して学んだことが、やっと役に立ちます。
しかし、まだまだです。
何がかね？
町を守る軍隊には優れた武器が必要なのです。

うーん、うちは装身具しか扱ってないからなぁ。
そうですか…
なかなかいないものだなあ。
ダババ、ダババ!
良い冶金工を探しているって?
そうさ、最新式の武器を作ってくれる人を探しているんだが。
それなら知り合いにすごい奴がいるぞ!
ズィアデ村の長老のニマルという男は、村の長で、優れた冶金工だよ。何でも作れる。
ニマル、お客さんよ。
あなたに頼みがあるらしいわよ。

ダババさんじゃないか！
有名人なの？
町の壁の建設を指揮している方だよ。
はじめまして、ニマルさん。
実は、最新の武器を作ることができる冶金工を探しているのです。ナガルの町を守るのに必要なんです。知り合いに、あなたのことを聞いてきたのです。
ナガルの町を守るためなら、喜んで引き受けますとも。最高の剣と槍を作ってみせますよ。
実は、町の壁を造ることを提案したのはこの私なんですよ。
そうなんですか。それは知らなかった！
それからわずか一年後、ダババはこの困難なミッションを成功させ、町を囲う壁を完成させたのだった。

4-3. ダババ、王になる

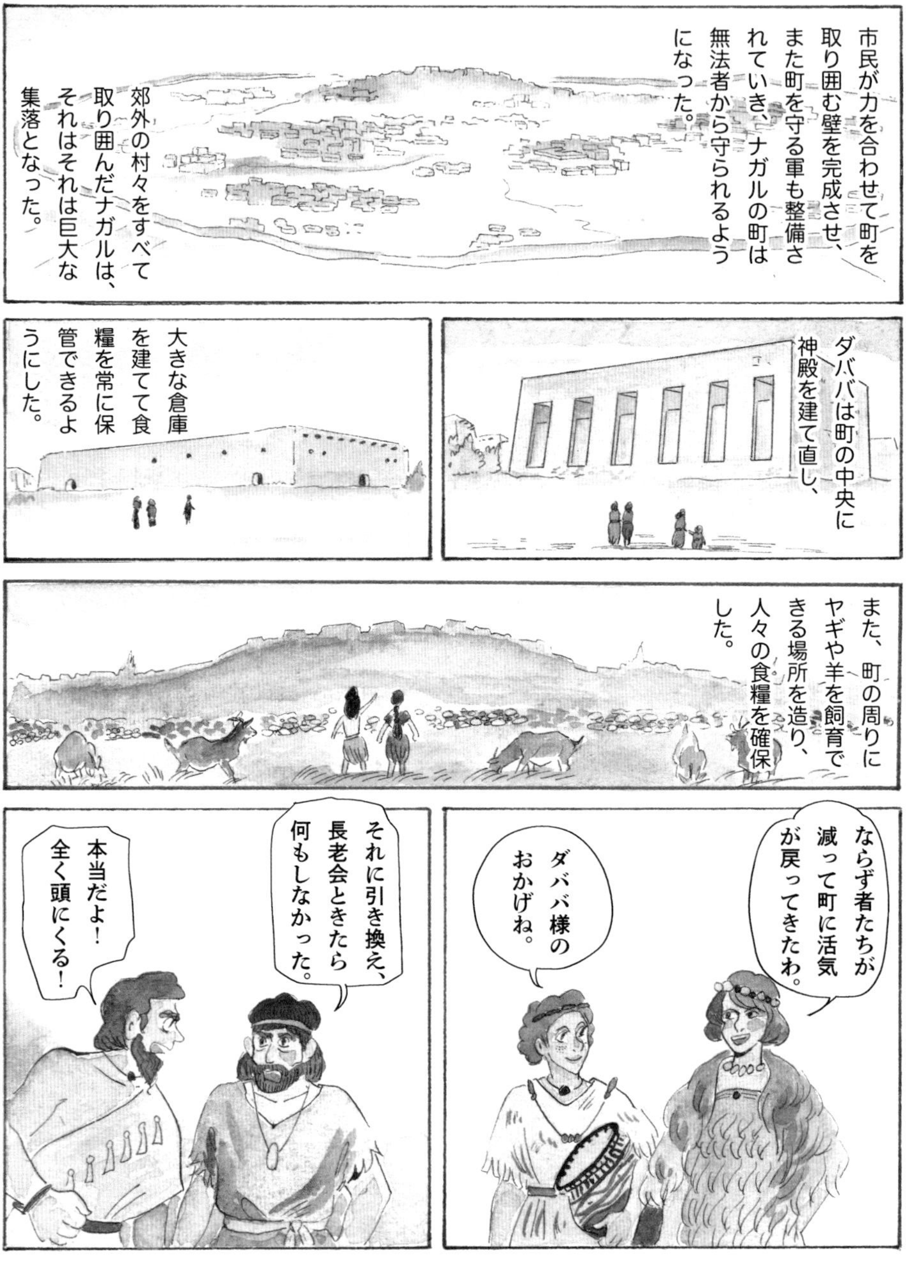

市民が力を合わせて町を取り囲む壁を完成させ、また町を守る軍も整備されていき、ナガルの町は無法者から守られるようになった。
郊外の村々をすべて取り囲んだナガルは、それはそれは巨大な集落となった。
ダババは町の中央に神殿を建て直し、
大きな倉庫を建てて食糧を常に保管できるようにした。
また、町の周りにヤギや羊を飼育できる場所を造り、人々の食糧を確保した。
ならず者たちが減って町に活気が戻ってきたわ。
ダババ様のおかげね。
それに引き換え、長老会ときたら何もしなかった。
本当だよ！全く頭にくる！

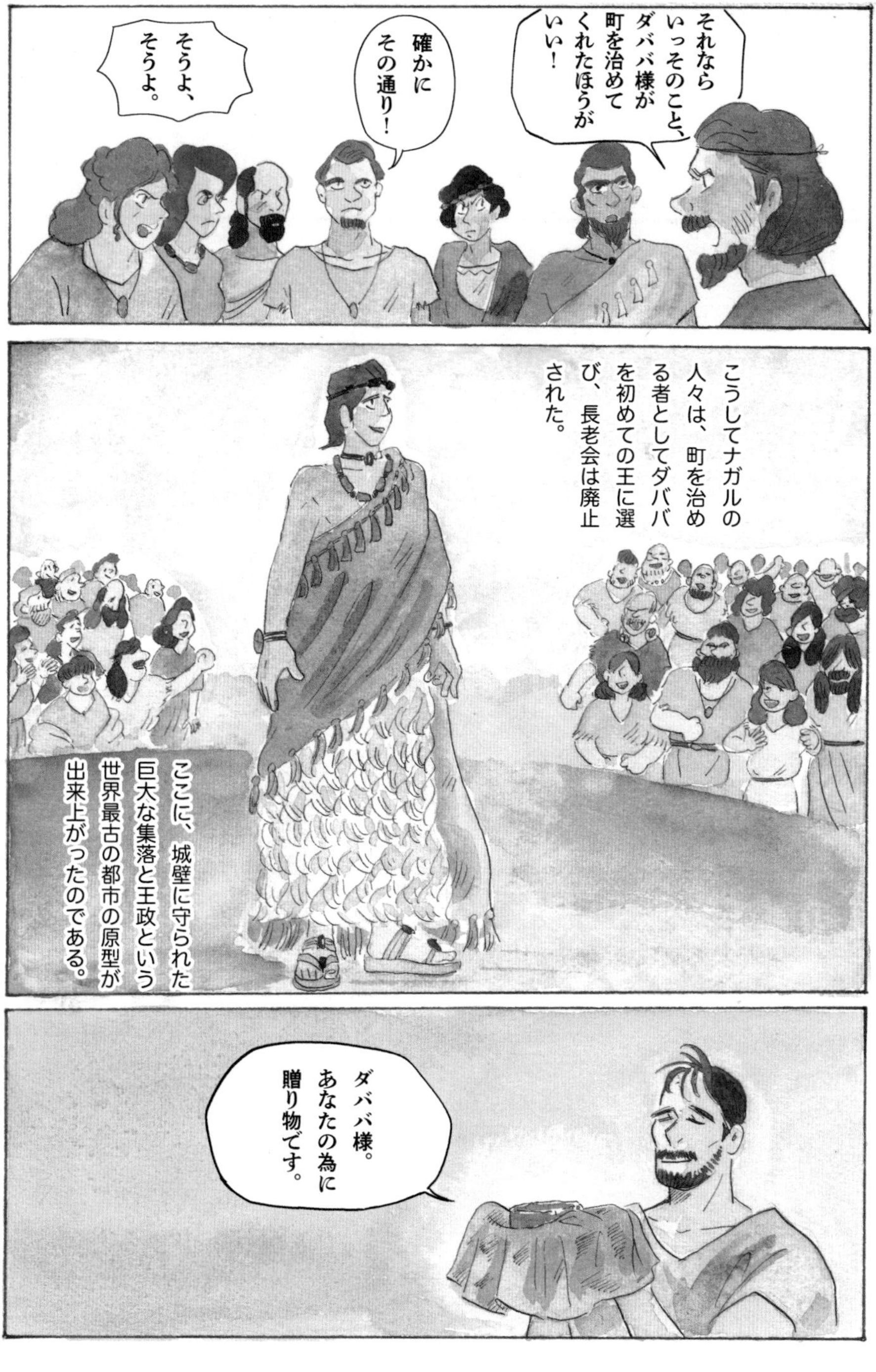
それならいっそのこと、ダババ様が町を治めてくれたほうがいい！
確かにその通り！
そうよ、そうよ。
こうしてナガルの人々は、町を治める者としてダババを初めての王に選び、長老会は廃止された。
ここに、城壁に守られた巨大な集落と王政という世界最古の都市の原型が出来上がったのである。
ダババ様。あなたの為に贈り物です。

すごい…美しいなぁ。
ダババの為に、大理石の台のついた黒曜石の酒杯や、ライオン文様が描かれた王の印章も作られた。
私も、もっとがんばって人々の期待に答えねばならん。
次は、職人たちを集めた特別な地区を町に造ろう。
そして彼らが自分たちの作る商品を自由に取引できるようにするんだ。
こうしてナガルの市場での取引はますます盛んになり、町はさらに発展していった。

ニマル！ダババ様よ。
おっ。
お久しぶりです！
あれからニマルとダババは、すっかり意気投合し、友人となっていた。
余談であるが、ダババは30年以上前にズィアデ村近郊で誘拐されたルマスその人であった。
彼は養父母の元で大切に育てられ、その才覚でやがて王にまで登りつめることになったのである。
ニマルとニサバが彼が息子ルマスであると気づいたかどうかは、誰も知らない…。

本書制作者紹介

原作：常木　晃（つねき　あきら）

　筑波大学名誉教授（人文社会系）、専門は西アジア考古学。農耕の始まりから都市社会形成までの歴史プロセスを、考古学的に追究してきた。1977 年から、イラン、シリア、イラクで発掘調査を継続。シリアでは、1997 年より 2010 年まで、イドリブ県エル・ルージ盆地の巨大新石器時代集落であるテル・エル・ケルク遺跡の発掘調査を主導。その成果の一部は、本書に反映させている。2014 年からは、文化庁の支援を得て、シリア文化遺産の保全にも取り組んでいる。

作画：五十嵐あゆみ（いからし　あゆみ）

　筑波大学人文学類考古学専攻を卒業後、同大学院生命環境科学研究科で地質学を専攻した。東南アジアの旧石器時代や地質環境などを主題とした卒業論文、修士論文を執筆し、旧石器時代の洞窟壁画に関する論文などもある。在学中よりイラストや漫画を描いてきた。現在は新潟に在住し、漫画制作の傍ら、作陶活動も行っている。

アラビア語翻訳（文化庁アラビア語版）：サリ・ジャンモ

　東京大学総合研究博物館外国人特別研究員。シリア・アレッポ大学考古学専攻を卒業後、2013 年―2019 年筑波大学人文社会科学研究科で西アジア考古学を専攻。博士（文学）。西アジア新石器時代の埋葬などを研究テーマにしている。文化遺産の保全と活用にも深い関心を持つ。

まんがで読む

文明の起源　シリアの先史時代

2020年3月30日　初版発行
2020年7月20日　2刷発行

原作　常木　晃
作画　五十嵐あゆみ

発行者　長岡正博
発行所　悠 書 館
〒113-0033　東京都文京区本郷3-37-3-303
TEL 03-3812-6504, FAX 03-3812-7504
URL　http://www.yushokan.co.jp/

印刷・製本　シナノ印刷株式会社

ISBN 978-4-86582-041-6

定価はカバーに表示してあります。